© Verlag
Zabert Sandmann GmbH
München
2. Auflage 1997
ISBN 3-924678-46-4

Fotografie	Foodbildagentur Eising AG
Graphische Konzeption	Reinhard Neuß
Konzeptionelle Mitarbeit	Pete A. Eising
Redaktion	Angelika Schlenk Christina Kempe
DTP	Christina Kempe
Umschlaggestaltung	Zero, München
Lithografie	inteca Media GmbH, Rosenheim
Druck/Bindung	OAN Graphischer Großbetrieb, Leipzig

DESSERTS

Die neue große Schule

Texte und Rezepte von
Monika Kellermann

Fotografiert
von Susi und Pete A. Eising

ZABERT
SANDMANN
VERLAG

Inhalt

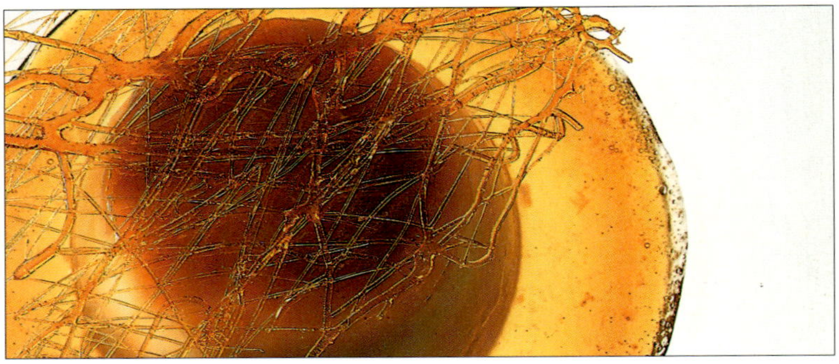

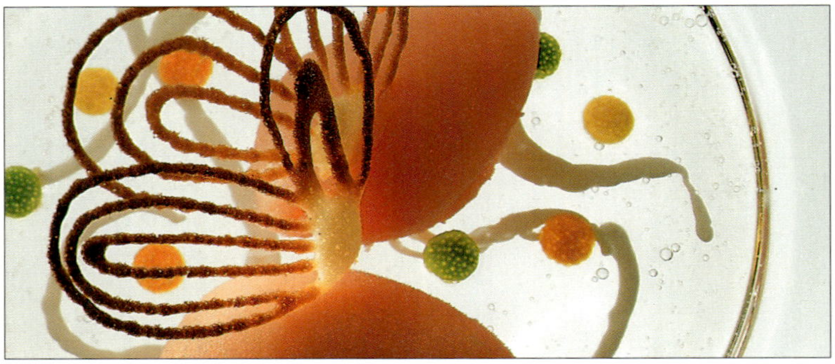

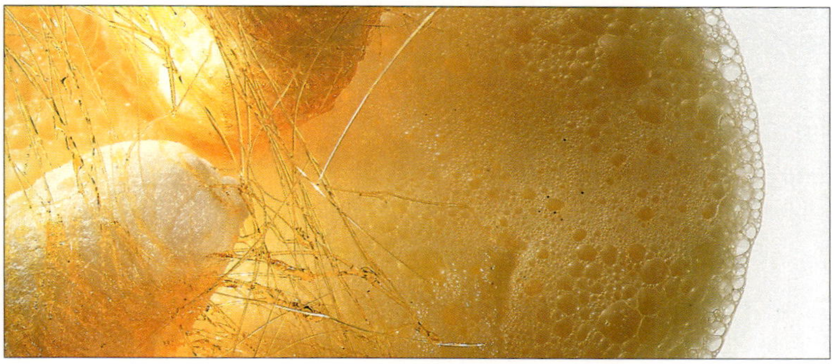

DESSERTS – DAS SÜSSE ENDE

Warum läßt man sich den Alltag lieber versüßen als versalzen? Weil das Salzige das Normale ist, die Prosa sozusagen. Süßes dagegen ist etwas Besonderes, etwas Nicht-Alltägliches. Eine Süßspeise ist Poesie, bringt Farbe in das graue Einerlei, schmeichelt auf der Zunge und versöhnt mit der Welt.

Die ersten Süßigkeiten waren Wildbeeren und Früchte, bei einer Kost aus herben Kräutern und rohem Fleisch eine geschätzte Abwechslung. Der Honig, aus den Waben der Wildbienen geschleckt, ein Festmahl. Bis ins 15. Jahrhundert wurde bei uns fast nur Honig zum Süßen verwendet, erst später kam der Zucker aus Zuckerrohr zu uns, und nochmals dauerte es lange Zeit, bis das »weiße Gold« aus Zuckerrüben gewonnen wurde. Mit den süßen Kristallen konnten die Zuckerbäcker abenteuerliche Süßspeisen verwirklichen, die die fürstlichen Tafeln schmückten – sie sollten vor allem den Reichtum des Gastgebers zeigen, denn Zucker war unglaublich teuer.

Der schwer arbeitende Landmann erfreute sich dagegen an honigsüßen Fastenspeisen, an Kuchen und gehaltvollen Mehlspeisen, an süß eingemachtem Obst und üppigen Puddingen. Heute, im Zeitalter der Kopfarbeit, sind die schweren Kalorienträger nicht mehr so gefragt. Aber Desserts der leichten Art um so mehr. Man kann sie geradezu als Therapeutikum bezeichnen, mit streßmindernder, entspannender Wirkung. Fragen Sie Ihren Arzt oder den Apotheker (bei dem es früher den Zucker zu kaufen gab).

VON DER LIEBE ZUM GENUSS

Ein Dessert ist krönender Höhepunkt und Abschluß eines Menüs, führt die Speisenden noch einmal in Versuchung. Es soll erfrischen und das Auge erfreuen, es soll verführen. Nach einem gehaltvollen Hauptgericht sind fruchtige Süßspeisen angebracht. Da frisch geerntetes Obst dabei am besten schmeckt, finden Sie im warenkundlichen Teil die heimischen Erntezeiten. Und Hinweise, wie exotische Früchte schmecken und wie sie zerteilt und verarbeitet werden.

Manche Desserts und Mehlspeisen sind gehaltvoller, sie sind süßes Hauptgericht oder folgen einer Suppe oder einem Eintopf. Da helfen die Tips, wie mit Gewürzen und Aromen richtig umgegangen wird, denn nur dann sorgen sie für den nötigen Pfiff. Außerdem Hinweise, welches Getränk zu welchem Dessert paßt – ein Überblick über Dessertweine und andere Getränke, die Süßspeisen harmonisch ergänzen.

Viele der Rezepte, deren Grundzubereitungen ausführlich und in Schritt-für-Schritt-Fotos kinderleicht beschrieben sind, stammen aus der österreichischen, der böhmischen und ungarischen Küche, dort findet man nun mal die besten Mehlspeisen. Dazu natürlich leichte und originelle Kreationen vom Trifle bis zum Tiramisu, zur Abwechslung mit Amaretti und Grappa zubereitet, schnelle Eisparfaits und abwechslungsreiche Kompotte aus frischem Obst. Vom Cremedessert bis zur festlichen Eisbombe ist alles drin. Die vielen Varianten zu den Grundrezepten zeigen, wie Desserts immer wieder für Überraschungen gut sind. Damit bei den Kunstwerken nichts schiefgehen kann, helfen Tips und Tricks auch weniger Geübten weiter.

WARENKUNDE UND KÜCHEN-TECHNIK

Alles Wissenswerte über heimisches Gartenobst, Exoten aus aller Welt, Schalenobst, Trockenfrüchte, Gewürze und Aromen finden Sie hier ausführlich beschrieben.

1 und 2

BEERENOBST

Der Großteil der im Handel angebotenen Beerenfrüchte wird heute auf Plantagen angebaut. Das phantastische Aroma wildwachsender Beeren wurde dort allerdings bisher noch nicht erreicht. Der Anbau in Gewächshäusern und der schnelle Transport aus den Anbaugebieten der südlichen Länder ermöglichen ein ganzjähriges Angebot der meisten Früchte. Die heimische Saison beginnt im Mai mit Erdbeeren und endet im Oktober mit Preiselbeeren.

1. Erdbeeren
In fast allen Ländern der Welt werden heute Erdbeeren angebaut, und bei keinem anderen Obst ist die Sortenvielfalt derart unübersehbar. Die roten Früchte werden vorwiegend frisch verzehrt oder zu Konfitüre oder Marmelade verarbeitet. Will man das Erdbeeraroma auch im Winter genießen, friert man die Beeren am besten püriert ein. Erdbeeren enthalten reichlich Vitamine und Mineralstoffe. Wegen des hohen Eisengehalts werden sie oftmals als wirksames Mittel bei Blutarmut eingesetzt, sie können aber auch Allergien auslösen.
• Heimische Erntezeit: Mitte Mai bis Ende Juli.

2. Himbeeren
Die wildwachsenden Waldhimbeeren haben das intensivste Aroma. Im Bayerischen Wald, in den Ostblockländern und in Ungarn werden sie deshalb bereits gewerblich gesammelt. Himbeeren sind sehr druckempfindlich und nur wenige Tage haltbar. Man ißt sie roh, püriert als Fruchtsauce oder bereitet eine Konfitüre daraus zu. Selbst tiefgekühlt behalten sie ihre Form und verlieren kaum an Aroma! Die Beeren sind reich an wertvollen Inhaltsstoffen wie z. B. Pektinen, Provitamin A und Vitamin C.
• Heimische Erntezeit: Anfang Juni bis Ende September.

3. Johannisbeeren
Die säuerlichen schwarzen, roten oder weißen Beeren hängen in Traubenform an kurzen Stielen. Den kräftigsten Geschmack und den höchsten Gehalt an Vitamin C haben die schwarzen Beeren. Da sie für den Rohgenuß ein wenig herb sind, werden sie bevorzugt zu Konfitüre, Saft oder Sorbet verarbeitet. Die roten Beeren stehen beim Frischverzehr an erster Stelle, die weißen sind im Handel selten zu finden. Johannisbeeren sind reich an Fruchtsäuren, Pektinen und Ballaststoffen.
• Heimische Erntezeit: von Juni bis Mitte September.

4. Heidelbeeren (Blaubeeren)
Bis vor einigen Jahren gab es nur echte Waldheidelbeeren auf dem Markt. Allmählich nimmt das Angebot an kultivierten Beeren zu. Das Aroma ist jedoch nicht mit dem der wesentlich kleineren Waldheidelbeeren zu vergleichen. Die Beeren müssen rasch verzehrt werden, da sie nach der Ernte schnell bitter werden. In den erbsengroßen Beeren stecken wertvolle Fruchtsäuren, Mineralstoffe (Eisen), Vitamine und auch reichlich Gerbstoffe. Getrocknet oder als Fruchtnektar sind sie ein bewährtes Mittel gegen Durchfall. Heidelbeeren schmecken roh mit Zucker, Milch oder Sahne, als Kuchenbelag oder als Kompott. Einfrieren oder

3

4

5

6

7

8

auch Einwecken schaden dem Aroma nicht.

• Heimische Erntezeit: Ende Juni bis Mitte September.

5. Stachelbeeren

Die roten, gelben oder grünen Beeren sind mit einem leicht borstigen Flaumhaar bedeckt. Unreif geerntete Beeren besitzen einen höheren Säuregehalt, der das Aroma bei der Herstellung von Konfitüre oder Säften intensiviert. Die Früchte können bis zu 3 Wochen gelagert und sehr gut eingefroren werden. Reife Früchte sollten rasch verzehrt werden. Der hohe Anteil an Ballaststoffen, Fruchtsäuren und Pektinen wirkt appetitanregend und verdauungsfördernd.

• Heimische Erntezeit: Anfang Juni bis Ende August.

6. Brombeeren

Die schwarzvioletten Beeren gedeihen vorwiegend in den Wäldern des Bayerischen Walds, kultivierte Beeren haben ein geringeres Aroma. Die Beeren müssen ausgereift sein, erst dann kann man das volle Aroma roh, als Kuchenbelag oder als Bestandteil des Rumtopfs genießen. Die Beeren sind schnell verderblich, lassen sich jedoch gut einfrieren.

• Heimische Erntezeit: Mitte August bis Mitte Oktober.

7. Cranberries

Die aus Amerika stammenden Cranberries sind größer und etwas milder im Geschmack als Preiselbeeren. Vereinzelt beginnt man auch bei uns, diese Beeren zu kultivieren. Cranberries enthalten viel Vitamin C, wirken günstig auf die Darmflora und fördern die Darm- und Blasentätigkeit.

• Hauptsaison amerikanischer Cranberries bei uns: Anfang Oktober bis Ende Dezember.

8. Holunderbeeren

Die herbsüßen Beeren sind auch unter der Bezeichnung Holler- oder Fliederbeeren bekannt. Reife Holunderbeeren sind reich an wertvollen Inhaltsstoffen und besitzen eine heilende Wirkung. Unreif enthalten sie das Blausäure abspaltende Sambunigrin, das beachtliche Verdauungsstörungen hervorrufen kann. Eine besondere Spezialität sind die in Teig getauchten und fritierten Blütenstände, auch »Hollerküchle« genannt.

• Heimische Ernte: Anfang September bis Ende Oktober.

9. Preiselbeeren (ohne Abb.)

Die fast ausschließlich wildwachsenden Beeren werden nur gekocht verzehrt. Erst dadurch entwickeln sie ihr feinherbes Aroma. Die pektinhaltigen Früchte werden gerne zu Konfitüre, Kompott oder zu einer Creme verarbeitet. Die lange Haltbarkeit der mineralstoff- und vitaminreichen Früchte liegt am erstaunlich hohen, natürlichen Gehalt an Benzoesäure.

• Heimische Erntezeit: Ende August bis Ende Oktober.

10. Weintrauben (ohne Abb.)

Der größte Teil der Welt-Trauben-Ernte wird zu Wein gekeltert. Die Anzahl der Sorten ist kaum überschaubar. Für den Frischverzehr angebaute Tafeltrauben – blau oder weiß – sind vorwiegend großbeerig. Marktführer sind die weißen Sorten. Traubenkuren sind vor allem wegen ihrer entschlackenden Wirkung geschätzt!

• Hauptsaison der Tafeltrauben: Ende August bis Ende Oktober; Import vorwiegend aus Italien, Frankreich und Spanien.

KERN- UND STEINOBST

Kernobst

1. und 2. Äpfel

In Deutschland ist der Apfel das Obst »Nummer eins«. Es gibt zahlreiche Sorten, von fruchtigsüß bis herbsauer – kaum eine andere Obstart bietet eine derartige Geschmacksvielfalt und wird zudem noch ganzjährig angeboten. Nach dem Pflücken werden die Äpfel, je nach Sorte, unterschiedlich lange gelagert, um ihre geschmacklichen Eigenschaften voll entfalten zu können. Wegen der reichlich enthaltenen Fruchtsäuren gelten sie als »Zahnbürste« der Natur. Äpfel sind wertvolle Vitamin- und Mineralstofflieferanten. Der Gehalt an Vitamin C schwankt allerdings von Sorte zu Sorte beachtlich.

• Heimische Erntezeit:
Juli bis August: James Grieve, Jamba, Gravensteiner; September: Goldparmäne, Cox Orange und Elstar; ab Oktober: Berlepsch, Boskop und Gloster.

3. und 4. Birnen

Birnen enthalten wesentlich weniger Säure und sind dementsprechend süßer als Äpfel. Auch Birnen werden ganzjährig angeboten, und es gibt eine Vielzahl geschmacklich sehr unterschiedlicher Sorten. Für den Handel spielen jedoch lediglich maximal zehn bekannte Sorten eine Rolle: z. B. Williams Christ, Kaiser Alexander, Clapps Liebling, Gute Luise oder Alexander Lukas.

• Heimische Erntezeit: Mitte August bis Ende November.

5. und 6. Quitten

Aufgrund der unterschiedlichen Form der Früchte unterscheidet man zwischen Apfel- und Birnenquitten. Apfelquitten sind mit zahlreichen Steinzellen durchsetzt, das rötliche Fruchtfleisch ist ziemlich trocken und wenig aromatisch. Wesentlich intensiver schmecken die weicheren Birnenquitten. Quitten müssen gekocht und durch ein Sieb gestrichen werden, bevor man das Fruchtmark zu Gelee oder raffinierten Desserts verarbeitet. Das reichlich enthaltene Pektin ist ein optimales Geliermittel.

• Heimische Erntezeit: Ende September bis November. Frost verstärkt das Aroma!

Steinobst

7. und 8. Kirschen

Weichfleischige Herzkirschen und festfleischige Knorpelkirschen sind die bekanntesten Vertreter der Süßkirschen. Die einzelnen Sorten unterscheiden sich zwar in der Rotfärbung, geschmacklich aber kaum voneinander. Handelsübliche Sorten der Gattung Sauerkirsche sind Weichseln oder Schattenmorellen. Bemerkenswert ist der Gehalt an Phosphor, Eisen und an Vitaminen der B-Gruppe. Süßkirschen werden überwiegend roh gegessen, während man die aromaintensiven, weichen Sauerkirschen bevorzugt zu Saft, Kompott, Cremes oder Eis verarbeitet. Kirschen friert man am besten mit den Kernen ein und entfernt diese erst nach dem Antauen. So hat man den geringsten Saftverlust!

• Heimische Erntezeit: Anfang Juni bis Mitte Juli.

1

2

3

4

5

6

7

8

9

10

11

12

13

14

15

16

9. Pflaumen
Die rundlichen bis ovalen Früchte können rot, blau oder grünlichgelb bis goldgelb gefärbt sein. Das saftige und süße Fruchtfleisch löst sich nur schwer vom Stein. Die Früchte werden hauptsächlich roh gegessen.
• Heimische Erntezeit: Mitte Juli bis Ende August.

10. Zwetschgen (Zwetsche)
Die violetten bis schwarzblauen Früchte sind zum Schutz vor Austrocknung mit einem weißen, leicht abwischbaren, wachsartigen natürlichen »Duftfilm« überzogen. Vollreife Spätzwetschgen schmecken saftig und süß, der längliche Kern löst sich leicht vom Fruchtfleisch.
• Heimische Erntezeit: Mitte Juli bis Ende September.

11. Mirabellen
Die Schale der kleinen, runden, gelben Früchte besitzt oftmals winzige rote Pünktchen. Das Fruchtfleisch ist süß und fest und läßt sich leicht vom Kern lösen.
• Heimische Erntezeit: Anfang Juli bis Mitte August.

12. Reneklode (Reineclaude)
Die mittelgroßen runden Früchte erinnern im Aussehen an Pflaumen. Das Fruchtfleisch kann grünlich, violett oder auch rot gefärbt sein. Sie schmecken süß und aromatisch. Es ist etwas mühsam, das Fruchtfleisch vom Kern zu lösen.
• Heimische Erntezeit: Mitte Juli bis Ende August.

13. und 14. Pfirsich
Das Fruchtfleisch vollreifer Pfirsiche ist saftig und äußerst aromatisch. Die Farben gehen, je nach Sorte, von orangegelb über leicht rötlich bis weiß. Die Schale des Pfirsichs ist mit einem leichten Flaum seidig behaart. Weißfleischiges Fruchtfleisch löst sich schwerer vom Kern und hat einen zartsäuerlichen Geschmack, gelbfleischige Sorten sind etwas süßer. Pfirsiche sind ballaststoffarme Früchte und daher auch für Menschen mit einem empfindlichen Magen sehr bekömmlich.
• Hauptsaison: Ende Mai bis Anfang September; Importe hauptsächlich aus den Mittelmeerländern.

15. Nektarinen
Sie schmecken ähnlich wie Pfirsiche, unterscheiden sich aber durch die glatte Schale und das festere Fruchtfleisch von den Artgenossen. Ob Nektarinen eine Kreuzung zwischen Pfirsich und Pflaume sind oder eine Mutation des Pfirsichs, ist nicht eindeutig geklärt.
• Hauptsaison: Anfang Juni bis Ende August; Importe hauptsächlich aus Italien, Frankreich und Spanien.

16. Aprikosen
In Österreich auch unter dem Begriff Marillen bekannt. Die 4 bis 8 cm großen runden Früchte werden durch eine Furche in zwei Fruchtbacken geteilt. Vollreif ist das Fruchtfleisch weiß, gelb oder orange, saftig und sehr süß. Sie sind roh, gekocht oder in Mehlspeisen verarbeitet ein Hochgenuß! Beachtlich ist der Gehalt an Provitamin A (Carotin)!
• Heimische Erntezeit: Anfang bis Ende Juli.

EXOTEN

Früchte aus allen Ländern der Welt werden fast das ganze Jahr über angeboten. Viele von ihnen werden von uns so selbstverständlich gekauft und verarbeitet, daß man sie eigentlich nicht mehr als Exoten bezeichnen kann. Dazu gehören vor allem Bananen, Zitrusfrüchte und Kiwis. Laufend kommen aber neue, für uns völlig unbekannte Früchte hinzu und bereichern unseren kulinarischen Horizont. Hier eine kleine Auswahl an exotischen Früchten, die sich besonders gut für raffinierte Desserts eignen!

1. Ananas
Das saftige, süß-säuerliche Fleisch hat eine gelbe bis rötliche Farbe. Eine sehr ausgeprägte schuppige Schale und eine leuchtendrote Farbe weisen auf ein intensives Aroma hin. Beim Tranchieren muß man mit 40 Prozent Abfall rechnen. Baby-Ananas schmecken besonders süß. Frische Ananas enthalten das verdauungsfördernde Ferment Bromelin, das eine eiweißspaltende Wirkung besitzt und somit auch das Festwerden von Gelatine verhindert. Bei Lagerung unter 5° C bilden sich im Fruchtfleisch braune Flecken!

2. Bananen
Neben den gelben Obstbananen findet man in letzter Zeit auch rote Bananen mit einer rötlichbraunen Schale und einem leicht rötlichen Fruchtfleisch sowie Baby-Bananen auf dem Markt. Geschmacklich unterscheiden sich diese Sorten nur geringfügig voneinander. Am aromaintensivsten ist das Fruchtfleisch, wenn die Schale einige braune Punkte aufweist: ein Zeichen, daß sich Stärke in Zucker umgewandelt hat.

3. Cherimoyas
Die Früchte haben eine dicke, schuppige Schale. Das weiche, sahnige, leicht bekömmliche Fruchtfleisch schmeckt nach einer gelungenen Kombination von Erdbeere und Birne. Wenn die Frucht auf leichten Druck nachgibt und sich die Schale leicht schwarz färbt, sind die Früchte reif.

4. Datteln
Die empfindlichen Früchte werden vollreif geerntet und sofort schockgefrostet. Etwa vier Früchte decken den Tagesbedarf an Eisen. Frische Datteln haben ein feines Honigaroma und sind geschmacklich mit den getrockneten Früchten nicht zu vergleichen. Schale und Kern werden vor dem Verzehr entfernt.

5. Feigen
Zwei Sorten, die hauptsächlich in den Mittelmeerländern angebaut werden, sind für den Transport geeignet: die grünen, leicht säuerlichen und die violetten, etwas süßeren Feigen. Frische Feigen enthalten reichlich Mineralstoffe und relativ viel Fruchtzucker. Sie haben eine verdauungsfördernde Wirkung.

6. Granatäpfel
Die bis zu 500 g schweren Früchte mit einer dicken Schale bestehen im Inneren aus zahlreichen Samenkernen. Jeder dieser Kerne ist von einem süßaromatischen, saftigen, geleeartigen Fruchtfleisch umhüllt. In erster Linie ist es der Saft, der zu Fruchtsaucen oder Geleespeisen verarbeitet wird oder als Fruchtsirup, »Grenadine«, für viele Drinks unentbehrlich geworden ist. Die Körner sind aber, unter Fruchtsalate gemischt, ebenfalls ein Hochgenuß.

7. Kakis
Aromatisch und angenehm süß sind die orangeroten, tomatenförmigen Früchte, wenn die dünne Schale glasig glänzt. Unreif schmecken sie, durch den hohen Gerbstoffgehalt, sehr herb und pelzig. Sie haben unter allen Früchten den höchsten Carotin-Gehalt.

8. Kapstachelbeeren (Physalis)
Die orangeroten, leicht klebrigen Kugeln sind mit einem stark eingetrockneten, papierähnlichen Kelch umhüllt. Die pikant-säuerlichen, erfrischenden Früchte werden roh gegessen oder zu Püree, Eis oder Kompott verarbeitet.

9. Karambolas (ohne Abb.)
Wegen ihrer sternförmigen Form wird diese Frucht oftmals zur Dekoration verwendet. Sie schmeckt süß, ein wenig nach Stachelbeeren und Quitten. Die mineralstoffreichen, saftigen Früchte sind vollreif, wenn das Fruchtfleisch bernsteinfarben durch die Schale schimmert und die Kanten leicht bräunlich gefärbt sind.

10. Kiwis
Das leuchtendgrüne Fruchtfleisch ist von einer braunen, pelzig behaarten Schale umgeben. Rohe Kiwis enthalten das eiweißspaltende Enzym Actinidin. Sie bekommen in Verbindung mit Milchprodukten einen bitteren Beigeschmack und verhindern das Festwerden von Gelatine. Abhilfe schafft das Überbrühen geschälter Früchte mit heißem Wasser. Sehr hoher Vitamin-C-Gehalt!

11. Litschis
Das fast perlmuttartige Fruchtfleisch ist von einer harten, schuppigen roten Schale umschlossen. Litschis sind die Dessertfrüchte in der asiatischen Küche. Das saftige Fruchtfleisch hat einen zarten Geschmack, der ein wenig an Rosen erinnert.

12. Mangos
Das sehr saftige, leicht fasrige Fleisch vollreifer Früchte schmeckt wie eine Mischung aus Pfirsich und Pinenkernen! Der ursprüngliche harzige Geschmack ist in den neuen Züchtungen kaum noch vorhanden. Die Farbe der Schale hängt von der Sorte ab und hat nichts mit der Reife zu tun.

13. Melone
Melonen enthalten bis zu 90 Prozent Wasser. Zu den bekanntesten glattschaligen Sorten zählen Wasser-, Honig-, Charentais-, Ogen- und Tendralmelonen. Die verbreitetsten Netzmelonen sind Galia- und Kantalupmelonen.

14. Papaya
Das orangerote Fruchtfleisch der grün- bis gelbschaligen Papaya ist ausgesprochen kalorienarm und erinnert geschmacklich an eine Mischung aus Melonen und Aprikosen. Die kleinen schwarzen Kerne haben einen beißend scharfen Geschmack.

15. Passionsfrüchte
Unvergleichlich exotisch ist der Geschmack der Passionsfrüchte. Zu den bekanntesten Sorten zählen die Maracuja, Granadilla und Curuba. Äußerlich sehen sie zwar sehr unterschiedlich aus, aber im Inneren befindet sich immer eine Vielzahl von Kernen, die von einem gallertartigen Fruchtfleisch umhüllt sind. Streicht man das Fruchtfleisch durch ein feines Sieb, erhält man einen aromatischen Saft, aus dem sich feinste Desserts herstellen lassen.

16. Zitrusfrüchte
Zur Gattung der uns bekannten Zitrusfrüchte zählen vor allem Orangen, Grapefruits, Mandarinen, Zitronen und Limetten. Saft und Fruchtfleisch lassen sich beliebig einsetzen und kombinieren.

SCHALENOBST

Alle Früchte, die von einer harten ungenießbaren Schale umhüllt sind, wie z. B. Nüsse, Samen und Keime, werden als Schalenobst bezeichnet. Sie sind reich an Fett, hochwertigem Eiweiß und wertvollen Mineralstoffen. Damit man den Geschmack dieser Energiespender lange genießen kann, sollt man sie trocken, luftig und kühl lagern und immer erst vor der Verwendung zerkleinern!

1. Cashewnüsse
Der Kern hat einen leicht süßlichen Geschmack. Die Schale muß unbedingt entfernt werden, da sie toxische Öle enthält.

2. Haselnüsse
Diese Nüsse werden meist mit der braunen Haut zerkleinert oder im ganzen angeboten. Einen nougatartigen Geschmack bekommen die Nüsse, wenn man sie vor dem Zerkleinern trocken röstet.

3. Kokosnüsse
Das Fruchtfleisch mit dem exotischen Aroma wird frisch gegessen, geraspelt und getrocknet als Kokosflocken verwendet oder in letzter Zeit auch als eingedicktes Fruchtmark angeboten.

4. Mandeln
Durch den feinen, milden Geschmack sind Mandeln sehr vielseitig verwendbar. Sie werden geschält oder ungeschält, zerkleinert oder im ganzen angeboten. In Folienbeutel eingeschweißt, bleibt das Aroma optimal erhalten.

5. Mohn
Den feinen nussigen Geschmack entwickeln die blaugrauen, ölhaltigen Samen der Mohnpflanze erst nach dem Mahlen.

6. Paranüsse
Die aus Brasilien stammende Nuß wird bei uns bisher nur selten zum Kochen verwendet. Der Nußkern hat ein feines, ausgeprägtes Aroma und ist sehr fett- und eiweißreich.

7. Pecannüsse
Die aus Nordamerika stammenden Nüsse sind der Walnuß sehr ähnlich! Lediglich die Schale ist glatter und dünner und läßt sich daher leichter knacken. Der Kern ist schlanker und nicht so stark gerippt.

8. Pinienkerne (Pignoli)
Die Samen der Pinienzapfen haben einen mandelartigen, süßlichen Geschmack. Sie sind etwas weicher als andere Nüsse und harmonieren vorzüglich mit Mangos oder Birnen. Leider sind die Kerne ziemlich teuer.

9. Pistazien
Ebenfalls einen stolzen Preis muß man für geschälte, leuchtend grüne Pistazienkerne bezahlen. Der Grund, weshalb sie fast nur als Garnitur verwendet werden. Der feine Geschmack kommt allerdings erst im gemahlenen Zustand besonders zur Geltung.

10. Sonnenblumenkerne
Geschält, im ganzen geröstet oder fein gemahlen sind die fett- und eiweißreichen Kerne eine echte Bereicherung bei der Dessertzubereitung.

11. Walnüsse
Das intensivste Aroma haben reife, einheimische Walnüsse von Herbst bis Anfang Januar. Die unreifen, noch grünen Nüsse sind eine besondere Spezialität.

TROCKENFRÜCHTE

Trockenfrüchte sorgen nicht nur für die nötige Süße und Saftigkeit, sie bereichern Desserts auch mit wertvollen Inhaltsstoffen. Für alle Trockenfrüchte gilt: kühl und trocken aufbewahren! Bewährt haben sich Vorratsdosen, deren Deckel nur lose aufgelegt werden sollte, damit die Luft zirkulieren kann.

1. Getrocknete Weintrauben
Es gibt drei verschiedene Arten getrockneter Weinbeeren: **Rosinen** nennt man die großfleischigen Beeren, die auch teilweise Kerne enthalten. Sie kommen vorwiegend aus Kalifornien. **Sultaninen** sind die hellschaligen, kernlosen Weinbeeren. Sie sind etwas milder und süßer im Geschmack als Rosinen. **Korinthen** heißen die kleinen, violettschwarzen kernlosen Weinbeeren des Korinthen-Weinstocks. Sie haben ein ausgeprägt fruchtiges Aroma und werden grundsätzlich ungeschwefelt angeboten.

2. Back- oder Trockenpflaumen
Die zuckersüßen, getrockneten Pflaumen werden meistens in Armagnac eingelegt, als Füllung für süße Knödel verwendet oder zu Kompott oder Pflaumenmus verkocht.

3. Getrocknete Aprikosen
Die aromastarken Früchte eignen sich für süße Aufläufe und Soufflés oder ergeben gekocht und feinpüriert eine aromaintensive Fruchtsauce.

4. Getrocknete Datteln
Es gibt verschiedene Arten von getrockneten Datteln. Die weichen, entsteinten Tafeldatteln sind den gepreßten Datteln vorzuziehen. Sind in Desserts Datteln enthalten, kann man auf zusätzliches Süßen verzichten!

5. Zitronat und Orangeat
Die kandierte Schale der Zedratzitrone ist auch unter dem Begriff Sukkade im Handel zu finden. Orangeat ist die kandierte Schale der Pomeranze (Bitterorange). Die Fruchtschalen werden hauptsächlich, in kleine Würfel geschnitten, angeboten. Sie sind nicht nur für den Christstollen unerläßlich, auch manchem Dessert verleihen sie eine angenehm bitter-fruchtige Süße.

6. Kandierte Kirschen
In konzentrierter Zuckerlösung eingelegte und anschließend getrocknete Kirschen sind eine beliebte Verzierung für Kuchen und Desserts.

7. Kandierter Ingwer
Die in Zuckerlösung eingelegte und anschließend getrocknete, geschälte Ingwerwurzel verleiht so manchem Dessert eine besondere Note. Vorsichtig dosieren, da der Geschmack sehr intensiv ist.

8. Kandierte Veilchen und Rosenblätter
Die Blüten sind eine hübsche Garnitur für festliche Desserts.

GEWÜRZE UND AROMEN

Gewürze und frische Kräuter sind bei der Zubereitung von Desserts unerläßlich. Sie sollen die besondere Note jedes Desserts unterstreichen. Ein wenig Fingerspitzengefühl ist deshalb, neben allerbester Qualität und Frische der Gewürze, auch notwendig! Ebenso wichtig sind die feinen Aromen von der abgeriebenen Schale von Zitrusfrüchten, Schokolade, Fruchtkonzentrate oder auch ein wenig Alkohol!

Vanilleschote
Wohl das wichtigste Gewürz für Desserts ist das ausgekratzte Mark der fermentierten und getrockneten Orchideenfrucht. Am stärksten ist das unvergleichliche Vanillearoma, wenn man die winzigen schwarzen Samen erst kurz vor dem Gebrauch frisch aus der Schote kratzt. Häufig wird es auch, vermischt mit Zucker, als Vanillezucker angeboten. Nicht zu verwechseln allerdings mit dem synthetisch hergestellten Vanillinzucker.

Zimt
Die getrocknete Innenrinde des tropischen Ceylon-Zimtbaumes wird entweder in Stücken oder gemahlen angeboten. Zum Aromatisieren von Flüssigkeiten sind Zimtstangen zu bevorzugen, will man süße Knödel, ausgebackene Früchte oder kleines Gebäck in Zimtzucker wenden, nimmt man gemahlenen Zimt. Vorsichtig dosieren, da das Aroma sehr intensiv ist und man die Speisen leicht »überwürzen« kann.

Ingwer
Die Wurzelknollen des vor allem in tropischen Regionen beheimateten Staudengewächses werden frisch, getrocknet und pulverisiert oder kandiert angeboten. Die ätherischen Öle und Harze des Ingwers verleihen den Speisen einen Hauch Exotik. Der scharfe Geschmack ist bei frischem Ingwer am wenigsten intensiv. Sparsam verwenden!

Zitronenmelisse
Das zitronenähnliche Aroma frischer Zitronenmelisseblätter ist während der Blüte am intensivsten. Die Blätter werden oftmals als Garnitur verwendet. Feingeschnitten verleihen sie fruchtigen Cremes oder Obstsalaten eine angenehm frische Säure.

Minze
Es gibt zahlreiche Minzesorten, deren Aromen vom sanften Orangengeschmack bis hin zum typisch intensiven Pfefferminzgeschmack reichen. Genießer bevorzugen meist frische Apfelminze, die Fruchtsalaten den nötigen Pep verleiht. Unbedingt ausprobieren sollten Sie eine fruchtige Minzgeleespeise!

Waldmeister
Anfang Mai kann man für kurze Zeit – möglichst vor der Blüte – in schattigen Wäldern frischen Waldmeister ernten. Das eigenwillige Aroma verträgt sich mit keinem anderen Gewürz. Abgesehen von der Waldmeisterbowle eignet sich dieses Kraut auch zum Aromatisieren von einer Creme oder einem Gelee.

Zitrusschalen
Die feingeriebene Schale unbehandelter Zitronen und Orangen sind ein wichtiges Würzmittel bei der Dessert-

zubereitung. Die grundsätzlich unbehandelte Schale von Limetten ist besonders würzig.

Kakao
In schwach entöltem Kakao ist etwa 20 Prozent Kakaobutter enthalten. Er ist mild im Geschmack, leichtlöslich und daher für Quarkspeisen oder lockere Teige gut geeignet. Stark entölter Kakao, mit nur etwa 8 Prozent Kakaobutter, schmeckt herber und ist für Flammeries optimal geeignet.

Schokolade
Bei vielen Desserts ist Schokolade ein besonders beliebter Aromaspender. Ob Zartbitter-, Vollmilch- oder weiße Schokolade, wichtig ist immer, nur Schokolade von bester Qualität zu verwenden!

Exotic-Fruchtsirup
Der intensive Geschmack von Maracuja, Mango, Banane oder Kokosnuß kommt als Fruchtsirup oft besser zur Geltung als bei frischen, häufig unreif geernteten Früchten! Die Früchte für die Konzentrate werden vollreif geerntet und meist gleich im Ursprungsland verarbeitet.

Alkoholische Getränke
Besonders beliebt zum Parfümieren von Desserts sind Liköre der unterschiedlichsten Geschmacksrichtungen. Am häufigsten verwendet werden **Amaretto**, ein bernsteinfarbener Mandellikör aus Italien, **Cassis**, ein dunkelroter Likör, hergestellt aus schwarzen Johannisbeeren, **Cointreau**, ein klarer Likör aus reifen Bitterorangen und Zitronen, diverse **Creme-Liköre**, die sehr dickflüssig und zuckerhaltig sind, z. B. Crème de Coco, de Menthe, de Banane, Maracuja usw., **Grand Marnier**, ein goldgelber französischer Orangenlikör mit einer zurückhaltenden Süße und **Kaffeeliköre** wie Tia Maria oder Kahlúa.
Daneben eignen sich zum Verfeinern natürlich auch altbewährte Klassiker: **Rum** wird, ob weiß oder braun, immer aus der Melasse des Zuckerrohrs destilliert. »Original Rum« ist Rum ohne jegliche Veränderung und ohne Zusätze mit einem Alkoholgehalt von 70 bis 80 Vol.%. »Echter Rum« ist ein auf Trinkstärke von 38 bis 54 Vol.% Alkoholgehalt herabgesetzter Rum. »Rumverschnitt« muß neben Alkohol aus anderen Rohstoffen mit 5 Prozent Original-Rum verschnitten werden. Weißer Rum hat ein zarteres Aroma als brauner Rum.
Ideal zum Verfeinern von Desserts sind auch Weindestillate, die je nach Land oder Region nicht nur anders genannt werden, sondern sich auch qualitativ und geschmacklich erheblich unterscheiden, wie **Cognac**, **Armagnac**, **Weinbrand**, **Brandy**, **Metaxa** oder auch **Grappa**.

SINNVOLLE HILFSGERÄTE

Sicherlich muß man nicht alle diese Geräte im Haus haben, um köstliche Desserts zubereiten zu können! Einige, wie etwa ein guter Schneebesen oder stabile Schüsseln, sind aber unentbehrlich. Wenn Sie sich ein neues Küchengerät anschaffen, achten Sie auf Funktionalität, Stabilität, Säurebeständigkeit, lange Haltbarkeit und eventuell ein ansprechendes Design, da das Hantieren mit formschönen Geräten einfach mehr Spaß macht.

Schneebesen
Der Griff sollte gut in der Hand liegen. Stiel und Drahtschlaufen müssen ein ausgewogenes Gegengewicht bilden. Die stabilen und hochelastischen Drähte müssen gut verankert und der Verschluß absolut dicht sein.

Welcher Schneebesen wofür?
- Schneebesen mit dünnen elastischen Drähten in Tropfenform und einem dünnen Stiel sind ideal zum Aufschlagen von Sahne oder zum Verschlagen leichter Flüssigkeiten.
- Schneebesen mit mittelstarken langen Drahtschlaufen und einem dicken Stiel sind für das Verrühren von halbfesten bis festen Desserts (z. B. rote Grütze) gut geeignet.
- Ballonbesen nimmt man für besonders luftige Desserts (z. B. Sabayone oder luftige Schaumomeletts).

Schlagschüssel
Zum Aufschlagen von Sahne, Cremes oder Sabayon ist eine halbkugelförmige Schlagschüssel sehr zu empfehlen. Während des Schlagens die Schüssel leicht schräg halten. Ein Stellring sorgt bei dem Arbeiten für den nötigen Halt. Hat man keine Wasserbadschüssel, sind Schlagschüsseln auch ideal, um Cremes im Wasserbad aufzuschlagen.

Wasserbadschüssel
Die halbkugelförmige Schüssel aus Metall hat einen langen Griff, der das Einhängen in den Topf und das Halten erleichtert.

Küchensiebe
Zum Bestäuben von Gebäck oder Desserts haben sich Küchensiebe aus Metall am besten bewährt.

Schaumlöffel
Damit das Fett beim Ausbacken von Früchten gut ablaufen kann, benötigt man einen Schaumlöffel.

Paletten
Zum Glattstreichen von Teigen und Cremes sind Paletten eine nützliche Hilfe. Das Blatt der Palette sollte immer so lang sein wie die zu bestreichende Fläche.

Teigschaber
Um Cremes, Sahne und Teigmassen zu vermischen oder vollständig aus Schüsseln zu holen, ist ein Teigschaber mit einem flexiblen Blatt aus Kunststoff oder Gummi ein praktischer Helfer!

Backpinsel
Zum Bestreichen von Formen, Teigen oder Gebäck mit z. B. Fett oder Marmelade benötigt man einen Backpinsel. Die Anschaffung eines Pinsels mit langen, weichen Naturborsten und abgerundeten Kanten lohnt sich, da man damit sehr sauber arbeiten kann und die Pinsel eine wesentlich längere Haltbarkeit haben.

Spritzbeutel
Profis, aber auch immer mehr Hobbyköche schwören auf Spritzbeutel aus beschichtetem Baumwollgewebe und aus-

wechselbaren Loch- und Sterntüllen aus Metall. Die Spritzbeutel liegen gut in der Hand und vereinfachen somit den Arbeitsvorgang.

Zuckerkasserolle
Zum Bräunen von Zucker und zum Erwärmen von Marmelade bewährt sich eine Zuckerkasserolle aus Kupfer, da dieses Material besonders heiß wird und die Wärme optimal weiterleitet.

Zitruspresse
Zum ergiebigen Auspressen von Orangen, Grapefruits, Zitronen und Granatäpfeln benötigt man eine stabile Zitruspresse möglichst aus Glas oder Metall.

Fruchtentkerner
erleichtern das Aushöhlen von Äpfeln und Birnen. Es ist die schnellste Methode, das Obst zu entkernen, ohne es zu zerteilen.

Zesten- oder Juliennereißer
Zum Abziehen sehr feiner Schalenstreifen von Zitrusfrüchten ist ein Zestenreißer ein praktischer Helfer.

Kugelausstecher
Aus dem Fruchtfleisch einiger Obstsorten, z. B. Melonen, können Kugeln in unterschiedlicher Größe ausgestochen werden. Ein Fruchtsalat wird so besonders dekorativ!

Tartelett-Förmchen
Bei den runden oder länglichen Förmchen für kleine Torteletts haben sich Schwarzblech oder Antihaftbeschichtung am besten bewährt.

Handrührgerät
Obwohl Profis Eiweiß oder Sahne per Hand mit einem Schneebesen aufschlagen, da auf diese Weise mehr Luft eingearbeitet wird, ist für den Laien ein Handrührgerät sehr hilfreich.

Kochpuddingformen
Diese Formen aus Metall müssen vor allem gut zu verschließen sein, da während des Garens kein Wasser ins Innere dringen und die Wärme konstant bleiben soll.

Puddingformen
Unterschiedliche Formen aus Kunststoff oder Porzellan für Gelee- und Cremespeisen sorgen für optische Abwechslung!

Eismaschinen
Bei preiswerteren Geräten legt man die Kühl-Akkus vor der Zubereitung in das Gefriergerät. Eismaschinen mit eigenem Kühlaggregat lassen das Eis gleichmäßiger gefrieren, sind allerdings sehr teuer, und die Anschaffung lohnt sich nur für echte Eisliebhaber.

Abkürzungen für Maßangaben:

l, ltr	Liter
ml	Milliliter
kg	Kilogramm
g	Gramm

1000 g = 1 kg = 1 l
1 g = 1 ml = 1 ccm
Prise = die Menge, die Sie zwischen zwei Fingern halten können.

Msp	Messerspitze
EL	Eßlöffel
TL	Teelöffel

Richtwerte für Maßangaben:
Gewicht verschiedener Lebensmittel, bezogen auf einen gestrichenen EL/TL:

Lebensmittel	1 EL	1 TL
Salz	15 g	5 g
Öl	12 g	4 g
Butter, Margarine	15 g	5 g

1 Tasse = 125 ml
1 Suppenteller = 250 ml

ANANAS

Frische Ananas müssen tranchiert werden, und obwohl dabei fast 40 Prozent Abfall anfallen, lohnt sich die Mühe. Das phantastische Aroma frischer Früchte ist nämlich nicht mit dem Geschmack konservierter Früchte zu vergleichen.

1. Den unteren Stielansatz und die Blattkrone so abschneiden, daß das Fruchtfleisch sichtbar ist.

2. Frucht aufstellen und die Schale von oben nach unten abschneiden. »Augen« mit einem Messer herauslösen.

3. Die Ananas der Länge nach halbieren, den inneren harten Kern herauslösen und das Fruchtfleisch in Stücke teilen.

MANGO

Da das Fruchtfleisch fest mit dem Kern verwachsen ist, benötigt man beim Zerteilen ein scharfes Messer, damit möglichst wenig köstlicher Saft verloren geht. Vorsicht: Der Saft hinterläßt Flecken, die sich nur schwer aus der Kleidung entfernen lassen!

1. Mango mit einem scharfen, leicht gerundeten Obstmesser oder einem Gurkenschäler dünn abschälen.

2. Das Fruchtfleisch beidseitig der Länge nach vom Kern schneiden. Dabei dicht am Kern entlang fahren.

3. Vollreife Früchte ungeschält teilen und das Fruchtfleisch mit einem Löffel aus den Hälften herauslösen.

ZITRUSFRÜCHTE

Möchte man das Fleisch der Früchte ohne die störenden Häutchen genießen, muß man die Früchte filetieren. Die Früchte sollten hierfür kernlos sein, da sonst die ausgelösten Segmente leicht zerfallen.

1. Orangen und Grapefruits schälen, so daß die weiße Haut völlig entfernt wird.

2. Über einem Teller mit einem scharfen Messer die Filets zwischen den Trennhäuten herauslösen.

3. Die Trennhäute mit der Hand auspressen, da in dem restlichen Fruchtfleisch noch viel Saft steckt.

PFIRSICH

Der Hochgenuß des herrlichen Pfirsich-Aromas wird durch die leicht pelzige Haut oft ein wenig beeinträchtigt. Durch kurzes Blanchieren läßt sich die Haut leicht entfernen.

1. Die Pfirsiche auf einen Schaumlöffel legen und kurz in kochendes Wasser tauchen.

2. Aus dem Wasser heben und in einer Schüssel mit kaltem Wasser abschrecken oder kurz kalt überbrausen.

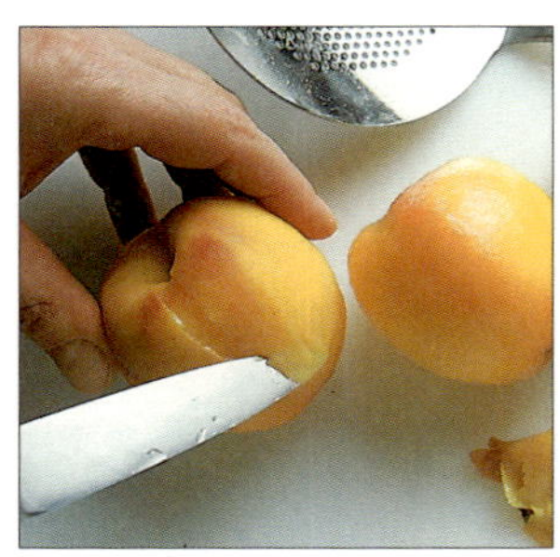

3. Die Haut, am Stengelansatz beginnend, mit einem spitzen Messer abziehen. Die Frucht halbieren und entsteinen.

MELONEN

Vor allem in den heißen Sommermonaten sind reife Melonen eine herrliche Erfrischung. Die Reifeprüfung ist deshalb besonders wichtig: mit dem Daumen gegen den Blütenansatz drücken. Die Stelle muß weich sein und einen aromatischen Duft verströmen!

1. Melone quer halbieren, indem man entlang der Mitte mit einem spitzen, langen Messer zickzackförmig einsticht.

2. Die Kerne herauslösen und das Fruchtfleisch mit einem Kugelausstecher ausstechen.

3. Das restliche Fruchtfleisch im Mixer oder mit dem Pürierstab fein pürieren und z. B. unter Fruchtsalate mischen.

FRISCHE DATTELN

Selbstverständlich kann man die nährstoffreichen Früchte auch mitsamt der Haut genießen, aber bei den meisten Desserts ist die etwas harte Schale störend.

1. Mit einem spitzen, kleinen Messer die Haut und das Fruchtfleisch der Länge nach bis zum Kern einschneiden.

2. Die harte Schale, am Stielansatz beginnend, abziehen. Den länglichen Kern entfernen.

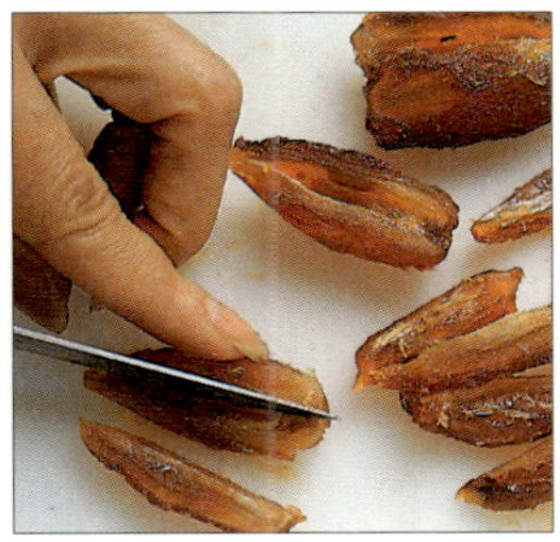

3. Die Früchte entweder füllen und wieder zusammendrücken oder längs in Spalten oder Streifen schneiden.

GRANATAPFEL

Dank der dicken, lederigen Schale sind Granatäpfel besonders lange haltbar, ohne daß das saftige Innere darunter leidet. Selbst wenn sich die Schale schon hart anfühlt, hat die Frucht meist nicht an Saftigkeit verloren. Übrigens: Je dünner die Schale, um so süßer sind die Kerne!

1. Entweder die Frucht quer halbieren und die Kerne mit einem Löffel sorgfältig herauslösen.

2. Oder den Kelchansatz keilförmig herausschneiden, die Frucht auseinanderbrechen, so daß die Kerne herausfallen.

3. Um den Saft zu gewinnen, preßt man die Fruchthälften am ergiebigsten mit einer elektrischen Zitruspresse aus.

PASSIONSFRÜCHTE

Bei uns erhält man aus der großen Familie der Passionsfrüchte vor allem die ovalen, gelblichgrünen Maracujas, die rundlichen, orangeroten Granadillas und die bananenförmigen, gelben Curubas. Das sehr saftreiche, gallertartige Fruchtfleisch mit den kleinen Samenkernen findet man bei jeder Sorte.

1. Früchte quer halbieren, das kernige Fruchtfleisch herauslösen und so unter Fruchtsalate mischen.

2. Zur Saftgewinnung das Fruchtfleisch kurz mit dem Pürierstab oder im Mixer »durchrühren«.

3. Anschließend durch ein feines Haarsieb streichen und als Basis für exotische Cremes oder Eis verwenden.

SAHNE SCHLAGEN

Für viele Desserts ist Sahne nicht nur Lockerungsmittel, sie unterstreicht auch den Wohlgeschmack! Sahne sollte auf keinen Fall zu schnell geschlagen werden, da sie sonst nicht richtig locker wird. Profis lassen daher die Finger von Handrührgeräten.

1. Die gut gekühlte Sahne mit einem stabilen Schneebesen in einer fettfreien Schüssel schlagen.

2. Für gesüßte Sahne den Zucker in die flüssige Sahne geben, damit er sich während des Schlagens auflösen kann.

3. Beim Schlagen mit einem Handrührgerät immer auf kleiner Stufe beginnen und bei mittlerer Stufe steif schlagen.

EISCHNEE SCHLAGEN

Eischnee ist, im Unterschied zur Sahne, eine kalorienarmes Lockerungsmittel. Voraussetzung für das Gelingen sind frische Eier von bester Qualität, die sorgfältig getrennt werden müssen, sowie absolut fettfreie Arbeitsgeräte!

1. Jedes Ei einzeln über einer Tasse aufschlagen und sorgfältig trennen, damit kein Eigelb ins Eiweiß gelangt.

2. Entweder mit dem Schneebesen oder mit dem Handrührgerät auf kleinster Stufe schaumig schlagen.

3. Zucker langsam hinzufügen und weiterschlagen, bis sich der Zucker aufgelöst hat und die Masse schnittfest ist.

BINDEN MIT GELATINE

Für Geleespeisen immer nur so viel Gelatine verwenden als unbedingt nötig!
Soll die Speise cremig werden, reichen 4 bis 5 Blätter oder 8 bis 10 g auf 1/2 l Flüssigkeit. Will man das Dessert stürzen, muß man etwa 8 Blatt (16 g) unter 1/2 l Flüssigkeit rühren.

1. Blattgelatine in reichlich kaltem Wasser in einem ausreichend großen Gefäß etwa 10 Minuten quellen lassen.

2. Bei Fruchtgelees die Blätter ausdrücken und nach und nach in der heißen Flüssigkeit unter Rühren auflösen.

3. Für Cremes ausgedrückte Blätter bei schwacher Hitze auflösen. Erst mit wenig Creme verrühren, dann vermischen.

BINDEN MIT STÄRKE

Pudding oder Cremes, die gekocht werden, bindet man mit Speisestärke. Auch hier sollt man nur so viel als unbedingt nötig verwenden.
30 g Speisestärke, z. B. Mondamin, auf 1/2 l Flüssigkeit sind ideal für ein cremiges Dessert. 40 g reichen aus, um den Pudding sturzfähig zu machen.

1. Die Speisestärke mit etwas kalter Flüssigkeit anrühren. Restliche Flüssigkeit zum Kochen bringen.

2. Mit einem Kochlöffel oder Schneebesen die angerührte Speisestärke in die kochende Flüssigkeit rühren.

3. Die Masse unter Rühren kurz aufkochen lassen, von der Kochstelle nehmen und in gewünschte Formen gießen.

ZUCKERSIRUP ZUBEREITEN

Profis benötigen hierfür eine Zuckerwaage, Aräometer genannt, die den genauen Grad der Zuckerkonzentration angibt. Für einen Hobbykoch ist das nicht zwingend notwendig. Bei der Verwendung für Kompott oder Sorbet reicht ein Sirup, der Fäden zieht!

1. 150 g Zucker in einer Kasserolle, am besten aus Kupfer, mit 4 EL Wasser verrühren.

2. Unter Rühren mit einem Schneebesen so lange kochen lassen, bis die Flüssigkeit große Blasen bildet.

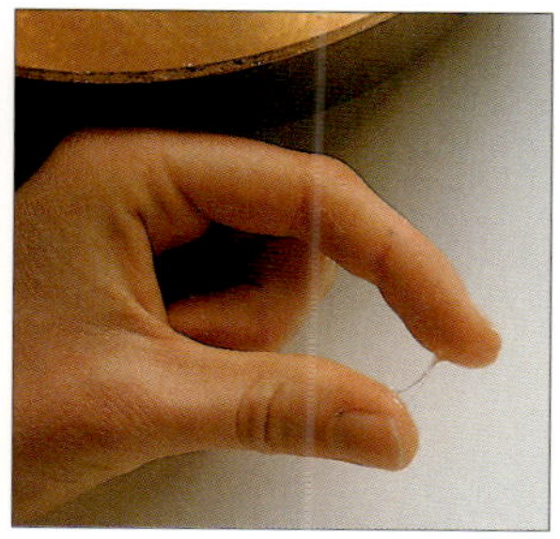

3. Etwas Sirup abnehmen, leicht abkühlen lassen und zwischen zwei Fingern prüfen, ob er einen Faden zieht.

KARAMEL ZUBEREITEN

Zu Karamel geschmolzener, gebräunter Zucker ist die Grundlage der klassischen Karamelcreme. Man kann damit aber auch diversen Saucen eine besondere Note verleihen oder duftige Schneeklößchen überziehen.

1. Eine Kasserolle, am besten aus Kupfer, auf der Kochplatte erhitzen und 100 g Zucker hineinstreuen.

2. Unter Rühren mit einem Kochlöffel den Zucker erst schmelzen, dann leicht bräunen lassen.

3. Mit 2 EL Wasser aufgießen und unter Rühren kochen lassen, bis sich der Karamel aufgelöst hat.

FORMEN AUSFETTEN

Damit sich die lockeren Soufflés oder Aufläufe gut aus den kleinen Keramik- oder Porzellanformen lösen, ist ein sorgfältiges Einfetten nötig.

1. Etwas Butter streichfähig erwärmen. Mit einem Pinsel Boden und Seitenwände der Form damit ausstreichen.

2. Streuzucker oder braunen Zucker hineinstreuen und durch Drehen des Förmchens gleichmäßig verteilen.

3. Den restlichen Zucker in die nächste Form schütten und auf die gleiche Weise in der Form verteilen.

SOUFFLÉFORM VORBEREITEN

Um den Effekt eines aufgegangenen Teiges bei Eissoufflés zu erreichen, müssen die Formen mit einer Papiermanschette versehen werden.

1. Pergamentpapier doppelt falten und einen Streifen schneiden, der 3 cm höher ist als die Souffléformen.

2. Die Streifen um die Formen wickeln. Die Enden etwas überlappen lassen, mit einem Klebestreifen festkleben.

3. Creme 2 cm über den Förmchenrand einfüllen und tiefkühlen. Vor dem Servieren die Manschette entfernen.

DAS RICHTIGE GETRÄNK ZUM DESSERT

Daß das Dessert der krönende Abschluß eines feinen Menüs ist, ist unumstritten. Nichts liegt also näher, als den letzten Gang mit einem passenden edlen Tropfen zu einem unvergeßlichen Geschmackserlebnis werden zu lassen. Viele Genießer schwören auf edelsüße Weine. Aber auch halbtrockene Sherry-Sorten, fruchtig-süße Sekte, Spumanti oder Cavas und, nicht zuletzt, ein Espresso sind ideale Dessertbegleiter!

Richtlinien zu geben fällt schwer, da allein schon beim Wein von Jahrgang zu Jahrgang und von Winzer zu Winzer, selbst bei gleicher Rebsorte, große Unterschiede auftreten. Zusätzlich hat jeder ein anderes Verständnis von Süße und Würze. Deshalb dürfen folgende Vorschläge nur als Anregungen verstanden werden. Probieren Sie einfach nach dem Motto – erlaubt ist, was schmeckt!

Besonders harmonische Kombinationen:

Fruchtsalate oder **fruchtige Desserts** werden durch ebensolche Weine optimal ergänzt. Man sollte allerdings keine zu trockenen Weine auswählen. Gut geeignet sind:
- halbtrockener Riesling (Kabinett oder Spätlese)
- Gewürztraminer (Spätlese)
- fruchtbetonte Sekte, Spumante, Cava oder auch halbtrockener Champagner.

Für **feine Cremes**, wie etwa Crème Bavaroise oder Crème au caramel, sind folgende Getränke eine ideale Ergänzung:
- edelsüße Beerenauslese z. B. Riesling von der Mosel oder Rieslaner Auslese aus Franken
- Rosenmuskateller aus Südtirol
- Tokajer Aszú
- Moscato d´Asti aus Piemont
- halbtrockener Cremant aus Burgund
- halbtrockener Oloroso-Sherry

Bei **gebackenen Desserts**, wie etwa Soufflés, Buchteln, Strudel oder Tartes, hängt die Getränkeauswahl sehr von den verwendeten Gewürzen oder Früchten ab und wie gehaltvoll die Mehlspeise ist. Wenn man sich für einen Wein entscheidet, sollte dieser unbedingt körperreich und edelsüß sein, jedoch auch Säurepotential haben. Probieren Sie einmal:
- edelsüßen Rosen- oder Goldmuskateller aus Südtirol oder Trentino
- Sauternes
- Riesling (Beerenauslese von Mosel, Rhein oder Main)
- Ruster Ausbruch (edelsüßer Wein vom Neusiedler See)
- Cream Sherry
- Grappa zu einer Traubentarte oder Calvados zu Apfelkücherl
- Espresso, Kaffee oder aromatischer schwarzer Tee.

Kombinationen, die nicht zu empfehlen sind:

- Weine, selbst große edelsüße Auslesen, harmonieren meist schlecht mit Schokoladen- oder Mokkadesserts
- zu Fruchteis und Sorbets sollte man keinen Wein reichen
- zu fruchtigen Desserts auf keinen Fall Kaffee servieren
- vor allem junge Rotweine nicht zu Desserts anbieten

• Eine Zabaione schmeckt ohne begleitendes Getränk meist besser!

Beliebte Dessertweine sind:

Sauternes
Einer der berühmtesten edelsüßen Weine aus der Gegend Sauternes, südlich von Bordeaux. Diese Weine werden aus edelfaulen Trauben gekeltert und einige Jahre im Holzfaß gelagert. Höchste Spitzenqualität kommt aus dem Château d'Yquem, nicht ganz so vollmundig sind Weine aus dem Anbaugebiet Barsac.

Tokajer
Der berühmteste Wein Ungarns wird unter drei Bezeichnungen angeboten. Davon ist nur der Tokaji Aszú ein Süßwein. Eingetrocknete, edelfaule Beeren werden in Butten gelesen und dem Grundwein zugesetzt. An der Anzahl der beigefügten Butten, die auf dem Etikett angegeben werden – »2 bis 6 Puttonyos« (Butten) –, erkennt man die Qualität des Weins.

Beeren- und Trockenbeerenauslese
Die von Edelfäule befallenen, überreifen Beeren dieser hochwertigen Weine werden handgelesen. Da die Edelfäule nicht jedes Jahr und auch nicht in jeder Region auftritt, ist es dem Winzer nicht grundsätzlich möglich, Beerenauslesen zu erzeugen. Die bevorzugte Rebsorte ist vor allem der Riesling. Die Auslesen großer Jahrgänge sind sehr langlebig und haben einen stolzen Preis!

Ausbruch
Hervorragende Ausbruch-Weine werden hauptsächlich im Gebiet um den Neusiedler See angebaut. Diese vollmundigen Weine mit einem hohen Restzuckergehalt werden aus edelfaulen Beeren hergestellt. Verstärkt setzt man wieder auf die Traditionsrebe Furmit.

Rosen- oder Goldmuskateller
In Südtriol und im Trentino bevorzugt man die Muskatellertraube für die leider nur in sehr kleinen Mengen erzeugten, köstlichen Dessertweine. Die angenehme Süße dieser Weine ist durch die Rebsorte bedingt, nicht durch eine spätere Ernte!

Eiswein
Eine vorwiegend deutsche Spezialität. Die Trauben müssen bei der Ernte (Dezember/Januar) gefroren sein und die Temperaturen unter -7° C liegen. Die hochkonzentrierten, goldgelben Weine schmecken sehr ausdrucksstark und haben eine pikante Säure.

Vin Santo
Der Dessertwein aus der Toskana wird aus Beeren gepreßt, die nach der Lese bis Dezember auf Strohmatten getrocknet werden. Die Mostausbeute ist dadurch entsprechend gering. Der gewonnene Saft reift anschließend mindestens 3 bis 5 Jahre in Holzfässern. Der Geschmack kann sehr üppig, aber auch trocken sein und erinnert ein wenig an Sherry.

Cream-Sherry
Der goldbraune, dickflüssige und füllige Cream-Sherry ist der klassische Sherry zum Dessert. Es wird immer ein Oloroso-Sherry mit dem Süßwein Pedro Ximenez vermischt. Man trinkt Cream-Sherry bevorzugt zimmerwarm.

CREME-DESSERTS

Duftig-zarte Cremes, die auf der Zunge zergehen, sind der krönende Abschluß eines Menüs. Außerdem lassen sich die meisten Cremes gut vorbereiten.

BAYERISCHE CREME

Die klassische bayerische »Rahmsulz«, wie sie heute noch manchmal in Bayern genannt wird, hat als »Crème Bavaroise« weltweit die feine Küche erobert. Zu verdanken haben die Bayern die sahnige Creme der bayerischen Prinzessin Isabeau Bavière. Bei festlichen Anlässen ließ sie die Creme zubereiten, in spezielle Formen füllen und dann, auf Platten gestürzt, mit einer süßen Sauce servieren.

Für 6 Personen
Zubereitungszeit: 50 Minuten
Kühlzeit: 4 bis 5 Stunden

- 1/2 l Milch
- 1 Vanilleschote
- 8 Blatt weiße Gelatine
- (oder 16 g Gelatinepulver)
- 5 Eigelb
- 120 g Zucker
- 400 ml Sahne

1. Die Milch in einen Kochtopf gießen. Die Vanilleschote der Länge nach aufschneiden, das Mark mit einem spitzen Messer herausschaben und mit der Schote in der Milch erwärmen.
2. Die Blattgelatine in reichlich kaltem Wasser einweichen. (Bei Gelatinepulver Packungsangaben beachten.)
3. Eigelb und Zucker in einer Schlagschüssel mit einem Schneebesen so lange schlagen, bis die Masse weiß und cremig ist und sich der Zucker vollständig aufgelöst hat.
4. Die Vanilleschote aus der heißen Milch nehmen und die Milch langsam unter die Eimasse rühren.
5. Über einem heißen Wasserbad aufschlagen und zur Rose abziehen. Die Masse darf aber auf keinen Fall zu heiß werden, da sie sonst gerinnt.
6. Die Blattgelatine aus dem Wasser nehmen und ausdrücken. Die Blattgelatine (oder das gequollene Gelatinepulver) nach und nach in die heiße Creme geben und unter Rühren auflösen.
7. Die Schlagschüssel in eine größere Schüssel mit Eiswasser stellen und die Creme unter Rühren erkalten lassen.
8. Die Sahne steif schlagen und, kurz bevor die Creme zu gelieren beginnt, gleichmäßig darunterziehen.
9. Die Creme in eine mit kaltem Wasser ausgespülte Form füllen. Mit Klarsichtfolie abdecken und im Kühlschrank mehrere Stunden fest werden lassen.
10. Vor dem Servieren die Form kurz in heißes Wasser tauchen und die Creme auf eine Platte stürzen. In Scheiben schneiden und mit Kompott oder einer fruchtigen Sauce servieren.

Pro Person:
Kalorien (kcal) 420
Eiweiß (g) 9
Fett (g) 29
Kohlenhydrate (g) 26

Will man die Creme als Nocken servieren, reduziert man die Gelatinemenge auf 5 Blatt oder 10 g Pulver, füllt die Masse in eine große weite Form und sticht, nachdem die Creme fest ist, mit einem Eßlöffel Nocken ab.

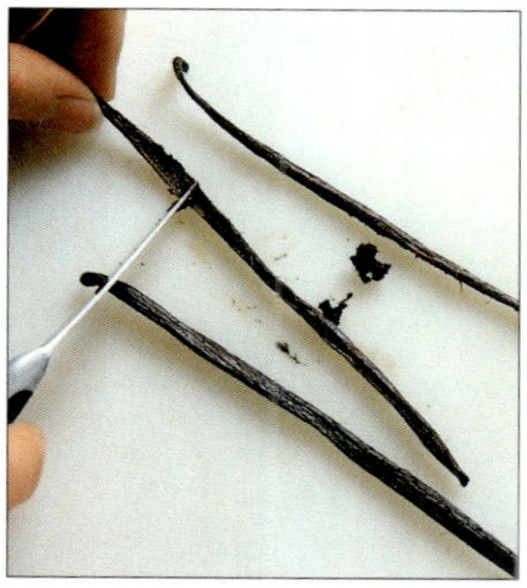

Vanilleschote ausschaben
Die Vanilleschote längs mit einem Messer oder einer Schere aufschneiden und das Mark herausschaben. Damit nichts von dem feinen Aroma verlorengeht, mit der Schote in der Milch erwärmen.

Gelatine einweichen
Die Blattgelatine in reichlich kaltem Wasser (etwa 1/2 l Wasser für 8 Blatt Gelatine) mindestens 10 Minuten quellen lassen. Bei Gelatinepulver rechnet man etwa 1/8 l Wasser für 16 g Gelatine – jedoch unbedingt die Packungsangaben beachten!

Eiercreme rühren
Eigelb und Zucker in einer Schlagschüssel am besten mit einem Schneebesen (und nicht mit einem Handrührgerät) cremig rühren. Die Masse darf nicht schaumig sein, da die Creme nach dem Stürzen sonst feine Bläschen aufweist.

Creme zur Rose abziehen
Die Masse über einem heißen Wasserbad unter ständigem Rühren aufschlagen. Die Creme hat die richtige Konsistenz, wenn sie einen Löffelrücken überzieht und sich beim Daraufblasen Ringe bilden, die an eine Rose erinnern.

Creme fertigstellen
Die Creme in einer Schüssel mit Eiswasser unter Rühren erkalten lassen. Sobald die Creme zu gelieren beginnt, die geschlagene Sahne locker, aber gleichmäßig darunterziehen. Die Creme in eine Form gießen und kalt stellen.

KAFFEECREME

Für 4 Personen
Zubereitungszeit: 50 Minuten
Kühlzeit: 2 bis 3 Stunden

- 5 Blatt weiße Gelatine
- 4 Eigelb
- 80 g Zucker
- 30 g Mokkaschokolade
- 1/4 l heiße Milch
- 1/8 l sehr starker, heißer Kaffee
- 2 cl Kaffeelikör
- 1/4 l Sahne
- 4 EL leicht geschlagene Sahne
- etwas Kakaopulver

1. Die Blattgelatine in kaltem Wasser einweichen.
2. Eigelb und Zucker cremig rühren. Die Schokolade in der heißen Milch schmelzen lassen und mit dem Kaffee und dem Likör unter die Eimasse rühren. Über einem heißen Wasserbad zur Rose abziehen (siehe Seite 31).
3. In einer Schüssel mit Eiswasser unter Rühren erkalten lassen. Sahne steif schlagen und darunterheben. Die Creme in Tassen füllen und im Kühlschrank fest werden lassen.
4. Mit je 1 EL der leicht geschlagenen Sahne garnieren und mit etwas Kakao bestäubt servieren.

Pro Person:
Kalorien (kcal) 413
Eiweiß (g) 10
Fett (g) 34
Kohlenhydrate (g) 11

MANGOCREME

Für 4 Personen
Zubereitungszeit: 45 Minuten
Kühlzeit: 2 bis 3 Stunden

- 5 Blatt weiße Gelatine
- 4 Eigelb
- 80 g Zucker
- 1/8 l heiße Milch
- püriertes Fruchtfleisch von
- 1 großen Mango (250 g)
- 1/4 l Sahne
- 4 Eiweiß
- 2 cl Maracujalikör
- 4 Minzezweige
- einige Himbeeren

1. Die Blattgelatine in kaltem Wasser einweichen.
2. Eigelb und Zucker cremig rühren. Die Milch darunterrühren und über einem heißen Wasserbad zur Rose abziehen (siehe Seite 31).
3. Die Gelatine ausdrücken und darin auflösen. Das Mangopüree daruntermischen und die Creme in einer Schüssel mit Eiswasser unter Rühren erkalten lassen.
4. Sahne und Eiweiß steif schlagen und kurz vor dem Gelieren mit dem Likör unter die Creme ziehen. In einer Schüssel kalt stellen.
5. Mit einem Eßlöffel Nocken abstechen und mit Hippenblättern (siehe Seite 92), Minzeblättern und Himbeeren garniert servieren.

Pro Person:
Kalorien (kcal) 407
Eiweiß (g) 8
Fett (g) 28
Kohlenhydrate (g) 25

KALTGERÜHRTE ORANGENCREME

Für 4 Personen
Zubereitungszeit: 30 Minuten
Kühlzeit: 2 bis 3 Stunden

- 5 Blatt weiße Gelatine
- 4 Eigelb
- 100 g Puderzucker
- 2 cl Grand Marnier
- 1/4 l frisch gepreßter Orangensaft
- 25 g gehackte Pistazien
- 1/4 l Sahne
- Fruchtfleisch von 1 Orange, in dünne Scheiben geschnitten

1. Die Blattgelatine in kaltem Wasser einweichen.
2. Eigelb, Puderzucker und Grand Marnier cremig rühren. Orangensaft und 20 g Pistazien dazugeben.
3. Gelatine ausdrücken und in einem Topf bei schwacher Hitze auflösen. Etwas von der Creme mit der Gelatine verrühren.
4. Dann alles sorgfältig vermischen und kalt stellen. Die Sahne steif schlagen und kurz vor dem Gelieren 200 g unter die Creme ziehen. In Förmchen füllen und kalt stellen.
5. Mit Orangenscheiben, restlicher Sahne und Pistazien garniert servieren.

Pro Person:
Kalorien (kcal) 483
Eiweiß (g) 9
Fett (g) 30
Kohlenhydrate (g) 40

ERDBEERCREME

Für 4 Personen
Zubereitungszeit: 45 Minuten
Kühlzeit: 2 bis 3 Stunden

- 500 g Erdbeeren
- 2 cl Orangenlikör
- 1 EL Puderzucker
- 4 Blatt weiße Gelatine
- 1 Blatt rote Gelatine
- 3 Eigelb
- 80 g Zucker
- 1/4 l Sahne

1. Erdbeeren entstielen, einige Erdbeeren beiseite legen, den Rest in Stücke schneiden und mit Orangenlikör und Puderzucker 15 Minuten marinieren.
2. Erdbeeren im Mixer pürieren und durch ein Sieb passieren.
3. Die Blattgelatine in kaltem Wasser einweichen.
4. Eigelb und Zucker über einem heißen Wasserbad cremig schlagen. Gelatine ausdrücken und in einem Topf bei schwacher Hitze auflösen. Mit dem Erdbeerpüree sorgfältig unter die Creme rühren.
5. Die Creme in einer Schüssel mit Eiswasser unter Rühren erkalten lassen. Die Sahne steif schlagen und kurz vor dem Gelieren 200 g unter die Creme ziehen. In Schälchen füllen und fest werden lassen.
6. Mit restlicher Sahne und Erdbeeren garniert servieren.

Pro Person:
Kalorien (kcal) 414
Eiweiß (g) 7
Fett (g) 25
Kohlenhydrate (g) 35

ZIMTCREME AUF PORTWEINFEIGEN

Dieses raffinierte Dessert ist ideal, wenn Sie Gäste erwarten, da sich das Aroma noch besser entfalten kann, wenn man die Creme am Vortag zubereitet. Wenn Sie keine frischen Feigen bekommen, garnieren Sie das Dessert mit frischen, pochierten und geschälten Dattel- oder Mangospalten.

Für 6 bis 8 Personen
Zubereitungszeit: 45 Minuten
Kühlzeit: 3 bis 4 Stunden

Für die Creme:
1 Vanilleschote
6 Zimtstangen
1/2 l Sahne
5 bis 6 Blatt weiße Gelatine
6 Eigelb
80 g Zucker
2 cl Cognac oder Weinbrand
1/2 TL gemahlener Zimt
4 Eiweiß

Für die Portweinfeigen:
8 frische Feigen
200 ml weißer Portwein
Saft von 1/2 Zitrone
50 g Zucker
1 TL Speisestärke, z. B. Mondamin

1. Die Vanilleschote aufschneiden und mit den Zimtstangen und der Sahne in einen Topf geben. Bei schwacher Hitze 10 Minuten ziehen lassen.
2. Die Blattgelatine in reichlich kaltem Wasser einweichen.
3. Eigelb mit Zucker, Cognac oder Weinbrand und Zimt in einer Schlagschüssel cremig schlagen. Die warme Sahne durch ein Haarsieb gießen und in einer Schüssel auffangen.
4. Die Gelatine gut ausdrücken und in der Sahne auflösen. Die Mischung langsam unter die Eimasse rühren.
5. Die Creme in einer Schüssel mit Eiswasser unter Rühren erkalten lassen. Dann etwa 15 Minuten kühl stellen, bis die Masse zu gelieren beginnt.
6. Die Eiweiß steif schlagen und gleichmäßig unter die Creme ziehen.
7. Die Masse in Förmchen füllen, mit Klarsichtfolie abdecken und im Kühlschrank einige Stunden fest werden lassen.
8. Von den Feigen mit einem spitzen Messer die Haut abziehen. Die Früchte der Länge nach in Scheiben schneiden.
9. Portwein, Zitronensaft, Zucker und Speisestärke verrühren und aufkochen lassen. Über den Feigen verteilen, mit Klarsichtfolie abdecken und einige Stunden marinieren.
10. Kurz vor dem Servieren die Creme aus den Förmchen auf Teller stürzen, mit den Feigen umkränzen und der Marinade begießen.

Pro Person:
Kalorien (kcal) 397
Eiweiß (g) 7
Fett (g) 25
Kohlenhydrate (g) 26

Sollten Sie keinen Portwein zu Hause haben, marinieren Sie die Feigen mit Grand Marnier oder Sherry.

PISTAZIEN-HASELNUSS-CREME

Am schönsten sieht dieses Dessert aus, wenn man die Cremes in hohe Gläser füllt. Denn erst dann kommen die unterschiedlichen Farben richtig zur Geltung. Wichtig ist, daß die Nüsse vor dem Reiben trocken in einer Pfanne geröstet werden und anschließend die braune Haut entfernt wird. Nur so erhält die Haselnußcreme ihre hellbeige Farbe. Zusätzlich bekommen die Nüsse ein feines Aroma.

Für 4 Personen
Zubereitungszeit:
1 Stunde 15 Minuten
Kühlzeit: 3 bis 4 Stunden

- 4 bis 5 Blatt weiße Gelatine
- 4 Eigelb
- 100 g Zucker
- 100 ml Milch
- 50 g geröstete Haselnüsse
- 2 EL Rum
- 50 g gemahlene Pistazienkerne
- 2 EL Mandellikör
- 4 Eiweiß
- 350 ml Sahne

Außerdem:
- etwa 20 karamelisierte Haselnußkerne

1. Die Blattgelatine in reichlich kaltem Wasser einweichen.
2. Eigelb und Zucker in einer Schlagschüssel cremig schlagen, der Zucker muß sich dabei vollständig auflösen.
3. Die Gelatine ausdrücken, mit 3 EL Milch erwärmen und unter Rühren auflösen. Die restliche kalte Milch langsam dazugießen und unter die Eimasse rühren. Die Masse halbieren.
4. Die Haselnüsse fein reiben und mit dem Rum unter die eine Hälfte, die gemahlenen Pistazien und den Mandellikör unter die andere Hälfte rühren. Beide Cremes kalt stellen, bis sie zu gelieren beginnen.
5. Eiweiß und 250 ml Sahne steif schlagen. Je eine Hälfte Eischnee und Sahne locker unter die Nußcreme, die anderen Hälften unter die Pistaziencreme ziehen.
6. Nuß- und Pistaziencreme abwechselnd in hohe Gläser füllen, mit Klarsichtfolie abdecken und einige Stunden fest werdem lassen.
7. Die restliche Sahne steif schlagen und auf der Creme verteilen. Mit Haselnußkernen und einem Zuckergespinst (siehe Seite 134) garnieren.

Pro Person:
Kalorien (kcal) 690
Eiweiß (g) 17
Fett (g) 49
Kohlenhydrate (g) 34

Aufgelöste, heiße Gelatine niemals sofort in kalte Flüssigkeiten rühren! Langsam löffelweise die kalte Flüssigkeit mit der warmen Gelatine verrühren, da sich sonst Klümpchen bilden und außerdem die Gelierfähigkeit leidet!

MOUSSE AU CHOCOLAT

Wer diesen Klassiker erfand, weiß heute niemand mehr. Unbestritten ist er jedoch der absolute Spitzenreiter unter den Desserts. Vermutlich war es eine Frau, die dieses zartschmelzende Dessert kreierte, um den Mann ihrer Träume zu verführen, denn gerade Männer lieben diesen luftig süß-herben Schokoladenschaum!

Für 4 Personen
Zubereitungszeit: 30 Minuten
Kühlzeit: 4 bis 5 Stunden

150 g Zartbitterschokolade
2 Eigelb
3 EL Zucker
1 EL Kakao, stark entölt
2 cl Grand Marnier
2 Eiweiß
200 ml Sahne
Außerdem:
Schokoladenspäne
abgeriebene Schale von
1/4 unbehandelten Orange
Puderzucker zum Bestäuben

1. Schokolade in kleine Stücke brechen und in einer Metallschüssel über einem heißen Wasserbad schmelzen lassen.
2. Eigelb mit 2 EL Zucker schaumig schlagen, der Zucker muß sich dabei vollständig auflösen. Unter weiterem Schlagen Kakao und Grand Marnier hinzufügen.
3. Eiweiß steif schlagen, den restlichen Zucker einrieseln lassen. Die Sahne ebenfalls steif schlagen.
4. Die geschmolzene Schokolade nach und nach unter die Eimasse rühren.
5. Sahne und Eischnee vorsichtig mit einem Teigschaber darunterziehen. Die Creme muß schaumig und locker bleiben.
6. Die Mousse in eine große Schüssel füllen, mit Klarsichtfolie abdecken und im Kühlschrank einige Stunden fest werden lassen.
7. Mit zwei Eßlöffeln Nocken abstechen und jeweils zwei Nocken auf einem Teller anrichten. Mit Schokoladenspänen und Orangenschale garnieren und mit Puderzucker bestäuben.

Pro Person:
Kalorien (kcal) 554
Eiweiß (g) 9
Fett (g) 39
Kohlenhydrate (g) 36

• Sehr schnell und völlig unproblematisch geht das Schmelzen von Schokolade in der Mikrowelle. 100 g kleine Schokoladenstückchen bei 600 Watt in etwa 2 Minuten schmelzen.
• Mousse au chocolat ist immer nur so gut, wie die dafür verwendete Schokolade. Nehmen Sie daher nur beste Qualität!

WEISSE MOUSSE AU CHOCOLAT

Diese Version der Mousse ist einfach in der Zubereitung und kann außerdem sehr gut vorbereitet werden. Schaumig geschlagen wird die Masse erst kurz vor dem Servieren – ein ideales Dessert, wenn man Gäste zu bewirten hat.

Für 4 Personen
Zubereitungszeit: 15 Minuten
Kühlzeit: mindestens 8 Stunden

150 g weiße Schokolade
1/4 l Sahne
2 cl Orangenlikör
Außerdem:
1/2 frische Mango
Puderzucker und Kakao zum Bestäuben

1. Die Schokolade in kleine Stücke brechen. Mit Sahne und Orangenlikör erhitzen und die Schokolade bei schwacher Hitze darin schmelzen lassen. Die Sahne darf dabei auf keinen Fall kochen!
2. Die Mischung in eine Schlagschüssel geben, mit Klarsichtfolie abdecken und am besten über Nacht in den Kühlschrank stellen.
3. Kurz vor dem Servieren die Schoko-Sahne-Mischung am besten mit einem Schneebesen zu einer lockeren Creme aufschlagen. Mit einem Handrührgerät nur auf kleiner Stufe schlagen, damit möglichst viel Luft in die Creme gelangt.
4. Die Mousse entweder in einen Spritzbeutel mit Sterntülle füllen und rosettenartig auf Teller spritzen oder mit einem Eßlöffel zu Nocken formen und auf Tellern anrichten.
5. Die Mango schälen und in kleine Würfel schneiden. Die Mousse mit Mango und eventuell Blüten aus Schokoladenspänen garnieren. Mit Puderzucker und Kakao bestäuben.

Pro Person:
Kalorien (kcal) 438
Eiweiß (g) 5
Fett (g) 32
Kohlenhydrate (g) 28

• Auf die gleiche Weise können Sie aus 150 g Mokkaschokolade, 1 EL Nescafé, 1/4 l Sahne und 2 cl Kaffeelikör eine herrliche Mokkamousse zaubern. Mit ganzen Kaffeebohnen garniert servieren.
• Übrigens sind diese schnell zubereiteten Mousses auch raffinierte Füllungen für z. B. kleine Windbeutel oder Biskuitrouladen.

CRÈME AU CARAMEL

Eigentlich ist dieses klassische Rezept aus der französischen Küche nichts anderes als ein süßer Eierstich. Das einzig Schwierige daran: Der Karamel muß die richtige Farbe haben – zu hell ist der typische Karamelgeschmack zu schwach, zu dunkel schmeckt er bitter. Außerdem darf die Masse nicht zu schaumig gerührt werden, da die Crème sonst mit kleinen Löchern versehen ist.

Für 6 Personen
Zubereitungszeit:
1 Stunde 15 Minuten
Kühlzeit: 6 bis 8 Stunden

100 g brauner Zucker
2 EL Cognac oder Weinbrand
1/2 Vanilleschote
400 ml Vollmilch
100 ml Sahne
4 Eier, 100 g Zucker

1. Kleine, feuerfeste Soufflé- oder Timbalförmchen in heißes Wasser legen.
2. Den Backofen auf 160° C vorheizen. Einen flachen Topf zweifingerbreit mit Wasser füllen und in den Ofen stellen.
3. Den braunen Zucker mit 1 EL Cognac oder Weinbrand und 2 EL Wasser in einer Kasserolle verrühren und goldbraun karamelisieren lassen.
4. Förmchen aus dem Wasser nehmen, gut abtropfen lassen und die Hälfte des Karamels als dünne Schicht auf den Böden verteilen.
5. Restlichen Karamel mit dem restlichen Cognac oder Weinbrand und 2 EL Wasser kurz durchkochen lassen.
6. Die Vanilleschote der Länge nach aufschneiden und mit der Milch und Sahne erhitzen.
7. Eier und Zucker mit einem Handrührgerät auf mittlerer Stufe cremig, aber nicht schaumig rühren. Der Zucker muß sich vollständig auflösen.
8. Die Vanilleschote aus der Milch nehmen und das Mark hineinschaben. Die heiße Milch unter die Creme rühren.
9. Die Eiermilch durch ein feines Sieb vorsichtig in die Förmchen gießen. Nur etwa zu drei Viertel füllen, da die Creme aufgeht!
10. Die Förmchen in das Wasserbad stellen, mit Alufolie abdecken und in etwa 40 bis 45 Minuten stocken lassen.
11. Anschließend zugedeckt im Kühlschrank mehrere Stunden erkalten lassen.
12. Den Rand mit einem spitzen Messer lösen, die Creme auf Teller stürzen und mit der Karamelsauce umgießen.

Pro Person:
Kalorien (kcal) 300
Eiweiß (g) 7
Fett (g) 12
Kohlenhydrate (g) 37

• Die Creme ist gestockt, wenn die Oberfläche auf Druck mit der Fingerkuppe leicht nachgibt oder an einem Holzstäbchen, das man in die Creme gesteckt hat, nichts hängen bleibt!
• Soll das Dessert cremiger und nicht sturzfähig sein, nimmt man statt 4 Eiern 3 Eigelb und 2 Eiweiß!
• Man kann den Karamel auch unter die Creme ziehen, bevor sie im Wasserbad stockt.

BUNET

Dieser köstliche Amaretti-Kakao-Flan aus der Toskana stammt von Lorenza de' Medici. Feinschmeckern ist diese Dame auf Grund ihrer Kochkurse, die sie auf ihrem Weingut »Badia a Coltibuono« – mitten im Chianti-Gebiet – hält, bekannt. »Coltibuono« ist auch ein Begriff für sehr gute Weine und aromatisches Olivenöl!

Für 4 Personen
Zubereitungszeit:
1 Stunde 20 Minuten
Kühlzeit: 4 bis 5 Stunden

3 gehäufte EL ungesüßter
Kakao, schwach entölt
400 ml Milch
180 g Amaretti
4 cl Rum
120 g Zucker
6 Eigelb
2 Eiweiß
Außerdem:
200 ml Sahne

1. Den Kakao mit 6 EL kalter Milch verrühren. Die restliche Milch erhitzen.
2. 150 g Amaretti zerbröseln und mit dem angerührten Kakao vermischen. Mit der heißen Milch und dem Rum begießen und etwa 10 Minuten quellen lassen.
3. 40 g Zucker in einer Kasserolle unter Rühren goldbraun karamelisieren lassen. Mit 2 EL Wasser ablöschen und so lange durchkochen lassen, bis sich der Karamel gelöst hat. In eine vorgewärmte feuerfeste Form gießen und durch Schwenken gleichmäßig verteilen.
4. Den Backofen auf 200° C vorheizen. Die Fettpfanne etwa 1 cm hoch mit Wasser füllen und in den Ofen stellen.
5. Eigelb und 50 g Zucker cremig rühren. Eiweiß mit dem restlichen Zucker steif schlagen.
6. Die eingeweichten Amaretti unter die Eimasse rühren und den Eischnee vorsichtig darunterziehen.
7. Die Masse in die Form füllen und die Oberfläche glattstreichen. Im Wasserbad 1 Stunde garen lassen. Nach etwa 20 Minuten mit Alufolie abdecken.
8. Den abgedeckten Flan mehrere Stunden kalt stellen!
9. Vor dem Servieren die Form kurz in heißes Wasser tauchen, dann den Flan auf einen großen Teller stürzen.
10. Die Sahne steif schlagen, in einen Spritzbeutel mit Sterntülle füllen und den Flan damit verzieren. Mit den restlichen Amaretti servieren.

Pro Person:
Kalorien (kcal) 677
Eiweiß (g) 15
Fett (g) 34
Kohlenhydrate (g) 68

In der Toskana wird zu dem Flan ein Vin Santo serviert.

KONDITORCREME

Diese Creme wird im Volksmund schlicht und einfach als Pudding bezeichnet, obwohl die aus Milch, Stärke und Eigelb zubereitete Creme fachlich richtig Flammeri heißen müßte (in Frankreich heißt sie »Crème pâtissière«). Der Pudding wurde jedoch ursprünglich im Wasserbad gegart. Seit der Erfindung des Puddingpulvers Anfang dieses Jahrhunderts wurde der alte Begriff Flammeri jedoch fast vollständig verdrängt. Die Konditorcreme dient auch als Basis für viele Soufflés oder kann mit Butter oder Sahne verfeinert zum Füllen von Kuchen und Gebäck verwendet werden. Anregungen dazu finden Sie auf der nächsten Seite!

Für 4 Personen
Zubereitungszeit: 15 Minuten
Kühlzeit: etwa 1 Stunde

40 g Speisestärke, z. B.
Mondamin
3 Eigelb
80 g Zucker
1/2 l Milch
1/2 Vanilleschote

1. Speisestärke, Eigelb und 40 g Zucker mit 1/4 l kalter Milch gründlich verrühren.
2. Die Vanilleschote der Länge nach aufschneiden und mit der restlichen Milch und dem restlichen Zucker zum Kochen bringen.
3. Von der Kochstelle nehmen, die Vanilleschote aus der Milch nehmen und das Mark hineinschaben.
4. Milch erneut zum Kochen bringen und die Speisestärke mit einem Schneebesen darunterrühren.
5. Die Creme unter kräftigem Rühren aufkochen lassen. Es muß eine glatte Masse entstehen.

Pro Person:
Kalorien (kcal) 255
Eiweiß (g) 7
Fett (g) 9
Kohlenhydrate (g) 35

Die Konditorcreme beliebig weiterverarbeiten:

- Die Creme auf 4 Puddingförmchen verteilen und mit Puderzucker bestäuben, um die Bildung einer Haut zu verhindern. Kalt stellen! Nach etwa 1 Stunde stürzen und servieren.
- 2 Eiweiß steif schlagen, sofort unter die noch heiße Creme ziehen und kurz aufkochen lassen. Die Masse leicht abkühlen lassen und z. B. als Füllung für Kuchen verwenden. Bald verzehren, denn nach etwa 4 bis 5 Stunden verliert die Creme ihre Luftigkeit.
- Crème Chantilly heißt die Konditorcreme, wenn man 1/4 l Sahne steif schlägt und unter die erkaltete Creme zieht. Wenn man die Creme, bevor die Sahne dazukommt, durch ein feines Sieb streicht, wird sie besonders fein. Herrlich schmeckt die Crème Chantilly mit frischen Beeren und Kompottfrüchten oder mit exotischem Fruchtmark beträufelt. Sie ist aber auch als feine lockere Füllung z. B. für Windbeutel geeignet.

Speisestärke anrühren
Speisestärke, Eigelb und 40 g Zucker in eine Schüssel geben. Darauf achten, daß kein Eiweiß am Eigelb haftet, das gibt unschöne Klümpchen! Unter Rühren mit einem Schneebesen 1/4 l kalte Milch dazugeben.

Creme binden
Die restliche Milch mit Zucker und aufgeschnittener Vanilleschote zum Kochen bringen. Das Vanillemark in die Milch schaben, die Schote entfernen. Dann die angerührte Speisestärke unter Rühren mit einem Schneebesen in die kochende Milch gießen.

Creme aufkochen
Die Creme einige Male unter kräftigem Rühren aufkochen lassen. Es muß eine glatte, völlig homogene Masse entstehen. Den Topf von der Kochplatte nehmen!

Creme zum Stürzen
Will man die Creme stürzen, füllt man sie sofort in eine kalt ausgespülte Form oder 4 Förmchen. Bestäuben der Oberfläche mit Puderzucker verhindert die Bildung einer dicken Haut.

Crème Chantilly
Für diese besonders feine Variante der Konditorcreme ist es ratsam, die leicht abgekühlte Creme durch ein feines Sieb zu streichen. Dann 1/4 l Sahne steif schlagen und darunterziehen.

MANDELCREME

Für 4 Personen
Zubereitungszeit: 15 Minuten
Marinierzeit: 3 Stunden
Kühlzeit: 1 Stunde

150 g gehäutete, gemahlene
Mandeln
2 gehäutete, gemahlene
Bittermandeln
1/2 l Milch
30 g Speisestärke, z. B.
Mondamin
2 Eigelb, 100 g Zucker
etwas Puderzucker
1/8 l Sahne

1. Die Mandeln mit der Milch begießen und etwa 3 Stunden durchziehen lassen.
2. Die Mandelmilch durch ein feines Sieb gießen. Eine Hälfte davon zum Kochen bringen, die zweite Hälfte mit Speisestärke, Eigelb und Zucker verrühren.
3. Angerührte Stärke in die kochende Milch gießen und unter Rühren aufkochen lassen.
4. Creme mit Puderzucker bestäuben und abkühlen lassen. Sahne steif schlagen, darunterziehen und die Creme in Schalen füllen. Mit geschlagener Sahne und Hippengebäck (siehe Seite 92) servieren.

Pro Person:
Kalorien (kcal) 580
Eiweiß (g) 13
Fett (g) 36
Kohlenhydrate (g) 42

ZITRONENCREME

Für 4 Personen
Zubereitungszeit: 25 Minuten
Kühlzeit: etwa 1 Stunde

1/4 l frisch gepreßter
Zitronensaft
abgeriebene Schale von
1 unbehandelten Zitrone
1/4 l halbtrockener Weißwein
150 g Zucker
40 g Speisestärke, z. B.
Mondamin
2 Eigelb
3 Eiweiß
einige Zitronenmelissezweige

1. Zitronensaft, -schale, 1/8 l Wein und 100 g Zucker zum Kochen bringen.
2. Stärke und Eigelb mit dem restlichen Wein verrühren.
3. Die angerührte Stärke in die kochende Flüssigkeit gießen und unter Rühren mehrmals aufkochen lassen.
4. Eiweiß mit dem restlichen Zucker steif schlagen und unter die heiße Creme rühren. Kalt stellen!
5. Die Zitronencreme in längs durchgeschnittene und ausgehöhlte Zitronenhälften füllen und mit Zitronenmelisseblättern garnieren.

Pro Person:
Kalorien (kcal) 297
Eiweiß (g) 4
Fett (g) 3
Kohlenhydrate (g) 53

SCHOKOLADEN-NUSS-PUDDING MIT APFELSAHNE

Für 4 Personen
Zubereitungszeit: 20 Minuten
Kühlzeit: etwa 1 Stunde

- 50 g Zartbitterschokolade
- 1/2 l Milch
- 20 g Speisestärke, z. B. Mondamin
- 1 EL Kakao, stark entölt
- 50 g Zucker
- 80 geröstete, gemahlene Haselnüsse
- 1 mittelgroßer Apfel
- 200 ml Sahne

1. Die Schokolade in kleine Stückchen brechen und mit 1/4 l Milch unter Rühren zum Kochen bringen.
2. Speisestärke, Kakao und Zucker mit der restlichen Milch verrühren, in die kochende Milch gießen und aufkochen lassen.
3. Die Hälfte der Nüsse unter die Creme rühren, in Schalen füllen und abkühlen lassen.
4. Den Apfel schälen und fein reiben. Die Sahne schlagen und den Apfel und die restlichen Haselnüsse unter die Sahne ziehen.
5. Die Creme mit der Sahne und eventuell karamelisierten Apfelspalten servieren.

Pro Person:
Kalorien (kcal) 553
Eiweiß (g) 10
Fett (g) 37
Kohlenhydrate (g) 42

GRIESSFLAMMERI

Für 4 Personen
Zubereitungszeit: 20 Minuten
Kühlzeit: 1 bis 2 Stunden

- 1/2 l Milch
- 1 Msp Vanillemark
- 80 g Zucker
- 1 Prise Salz
- 70 g Hartweizengrieß
- abgeriebene Schale von 1 unbehandelten Zitrone
- 2 Eigelb
- 2 Eiweiß

1. Milch, Vanillemark und Zucker zum Kochen bringen.
2. Den Grieß einstreuen und unter Rühren aufkochen lassen. Zitronenschale daruntermischen und den Grießbrei einige Minuten ausquellen lassen.
3. Eigelb mit etwas heißem Grießbrei verrühren, dann unter den restlichen Brei mischen.
4. Eiweiß steif schlagen und unter die Grießcreme ziehen. In kalt ausgespülte Formen füllen und kalt stellen.
5. Die Creme stürzen und nach Belieben mit einer Fruchtsauce (siehe Seite 136/137) servieren.

Pro Person:
Kalorien (kcal) 250
Eiweiß (g) 9
Fett (g) 8
Kohlenhydrate (g) 34

ZUPPA INGLESE

Weshalb dieses weit über Italiens Grenzen hinaus so beliebte Dessert »Englische Suppe« heißt, weiß keiner genau! Eines steht jedoch fest: In Italien hat jede Familie ihre eigene Rezeptkreation. Einheitlich ist lediglich ein getränkter Biskuitboden. Im Norden liebt man einen Sahneüberzug, im Süden wird die »Zuppa inglese« mit einer Baiserhaube umhüllt, die kurz gratiniert wird. Hier eine der vielen Versionen aus dem nördlichen Italien.

Für 8 bis 10 Personen
Zubereitungszeit: 1 Stunde
Marinierzeit: 4 bis 5 Stunden

Für den Biskuitboden:
4 Eigelb, 100 g Zucker
4 Eiweiß, 60 g Speisestärke, z. B. Mondamin
60 g Weizenmehl

Für die Konditorcreme:
1/2 l Milch
abgeriebene Schale von 1/2 unbehandelten Orange
60 g Zucker
40 g Speisestärke, z. B. Mondamin, 3 Eigelb
2 Blatt weiße Gelatine
etwas Puderzucker, 1/4 l Sahne

Außerdem:
100 g kandierte Früchte
2 cl Maraschino
200 g gemischte Kompottfrüchte, 2 cl Amaretto
200 ml Alchermes (italienischer Kräuterlikör), 1/4 l Sahne

1. Eigelb mit Zucker hellschaumig schlagen. Die Eiweiß sehr steif schlagen und auf die Schaummasse geben. Stärke und Mehl über den Eischnee sieben. Alle Zutaten mit dem Schneebesen locker vermengen.
2. Ein Backblech mit Backpapier auslegen, Teig daraufstreichen und im 200° C heißen Backofen in 10 bis 15 Minuten goldgelb backen. Den Boden abkühlen lassen und in drei Streifen schneiden.
3. Die Konditorcreme zubereiten (siehe Seite 41). Mit Puderzucker bestäuben, abkühlen lassen und durch ein feines Sieb streichen. Die Sahne steif schlagen und darunterziehen.
4. Die kandierten Früchte in kleine Würfel schneiden und mit Maraschino begießen. Die Kompottfrüchte abtropfen lassen, in kleine Würfel schneiden und mit Amaretto begießen.
5. Einen Biskuitstreifen auf eine längliche Platte legen, mit einem Drittel des Kräuterlikörs tränken und einem Drittel der Creme bestreichen. Die Kompottfrüchte darauf verteilen.
6. Mit dem zweiten Biskuitstreifen bedecken. Erneut mit einem Drittel des Likörs und der Creme bestreichen und die kandierten Früchte darauf verteilen.
7. Den dritten Biskuitboden darauflegen und mit dem restlichen Likör tränken. Den Kuchen rundherum mit der restlichen Creme bestreichen und einige Stunden durchziehen lassen.
8. Vor dem Servieren die Sahne steif schlagen und die Zuppa inglese dick damit bestreichen und garnieren. Eventuell mit gerösteten Mandelblättchen bestreuen.

Pro Person:
Kalorien (kcal) 477
Eiweiß (g) 8
Fett (g) 22
Kohlenhydrate (g) 47

TRIFLE

»Trifle« bedeutet zwar übersetzt so viel wie »Kleinigkeit«, aber es fällt schwer, von diesem englischen Dessert nur wenig zu essen. Es ist der »Zuppa inglese« sehr ähnlich. Allerdings darf zum Tränken des Biskuits nur Sherry verwendet werden: ob dry, medium oder sweet ist reine Geschmackssache!

Für 8 Personen
Zubereitungszeit: 50 Minuten
Kühlzeit: 2 bis 3 Stunden

Für die Konditorcreme:
40 g Speisestärke, z. B. Mondamin
3 Eigelb
80 g Zucker
1/2 l Milch
1/2 Vanilleschote
1/4 l Sahne

Außerdem:
250 g weiche Löffelbiskuits
3 EL Himbeerkonfitüre
1 EL schwarze Johannisbeerkonfitüre
3 EL Grenadinesirup
500 g gemischte Beerenfrüchte (z. B. Erdbeeren, Brombeeren, Johannisbeeren und Himbeeren)
4 cl Grand Marnier
200 ml Amontillado-Sherry (medium)
1/4 l Sahne

1. Die Konditorcreme zubereiten (siehe Seite 41). Mit Puderzucker bestäuben, abkühlen lassen und durch ein feines Sieb streichen. Die Sahne schlagen und darunterziehen.
2. Den Boden einer großen rechteckigen Form mit der Hälfte der Löffelbiskuits auslegen.
3. Die Konfitüren und den Grenadinesirup verrühren. Die Beeren putzen, größere Früchte zerkleinern und mit Grand Marnier begießen.
4. Den Biskuit mit 100 ml Sherry beträufeln und der Hälfte der Konfitürenmischung bestreichen. Dann die Hälfte der Creme und der Beeren darüber verteilen.
5. Mit den restlichen Löffelbiskuits bedecken und die übrigen Zutaten in der gleichen Reihenfolge darüber verteilen. Einige Beeren für die Garnitur zurückbehalten.
6. Das Trifle einige Stunden im Kühlschrank durchziehen lassen.
7. Die Sahne steif schlagen, in einen Spritzbeutel mit Sterntülle füllen und das Trifle damit üppig garnieren. Mit den restlichen Beeren garnieren.

Pro Person:
Kalorien (kcal) 596
Eiweiß (g) 10
Fett (g) 30
Kohlenhydrate (g) 61

• Sie können das Trifle auch nur mit einer Beerensorte oder mit Kompottfrüchten (z. B. Pfirsich, Birnen oder Kirschen) füllen.
• Besonders fein schmeckt das englische Dessert, wenn Sie statt der Löffelbiskuits selbstgebackenen Biskuit verwenden!

QUARKKUPPEL À LA CASSATA SIZILIANA

Bestellt man in Sizilien eine »Cassata«, bekommt man ein Stück gut gekühlte, saftige Quarktorte, angereichert mit vielen kandierten Früchten und Nüssen. Dieses traditionelle Dessert wird häufig an Festtagen serviert. Das nachfolgende Rezept ist ohne den üblichen Biskuitboden, dafür in der bei uns bekannten Kuppelform zubereitet.

Für 8 Personen
Zubereitungszeit: 45 Minuten
Kühlzeit: 3 bis 4 Stunden

100 g gemischte kandierte Früchte
4 cl Maraschino oder Orangenlikör
30 g Pistazienkerne
30 g Pinienkerne
30 g geschälte Mandeln
50 g Zartbitterschokolade
200 g Zucker
2 EL Vanillezucker
3 Blatt weiße Gelatine
750 g Ricotta
Außerdem:
1/4 l Sahne
einige kandierte Früchte

1. Die kandierten Früchte in kleine Würfel schneiden. Mit Alkohol begießen und durchziehen lassen. Pistazien-, Pinienkerne, Mandeln und Schokolade grob hacken.
2. Zucker, Vanillezucker und 5 EL Wasser in einer Kasserolle sirupartig einkochen. Die Gelatine in reichlich kaltem Wasser einweichen.
3. Ricotta und Sirup zu einer glatten Masse verrühren. Die Gelatine gut ausdrücken und in einem kleinen Topf bei schwacher Hitze auflösen. 2 EL Ricotta unter die Gelatine rühren, dann mit dem restlichen Frischkäse sorgfältig vermischen.
4. Die Früchte mit der Einweichflüssigkeit, den Nüssen und der Schokolade gründlich unter den Frischkäse rühren.
5. Eine Kuppelform von etwa 1,5 l Inhalt mit kaltem Wasser ausspülen. Die Masse in die Form füllen und die Oberfläche glattstreichen. Mit Klarsichtfolie abdecken und einige Stunden im Kühlschrank fest werden lassen.
6. Kurz vor dem Servieren die Sahne steif schlagen und die Cassata damit verzieren. Mit kandierten Früchten kunstvoll garnieren!

Pro Person:
Kalorien (kcal) 448
Eiweiß (g) 17
Fett (g) 21
Kohlenhydrate (g) 43

• Allmählich bekommt man Ricotta auch bei uns fast in jedem Supermarkt. Gibt es dennoch Probleme, nehmen Sie statt des italienischen Frischkäses Schichtkäse oder Magerquark!
• Servieren Sie zu besonderen Anlässen die Cassata mit einer Erdbeer- oder Himbeersauce (siehe Seite 136/137)!

Früchte vorbereiten
Die kandierten Früchte mit einem scharfen Messer in kleine Würfel schneiden. Je bunter die Mischung ist, um so hübscher sieht die Cassata aus. Die Früchte mit Alkohol gut durchziehen lassen.

Zuckersirup kochen
Zucker, Vanillezucker und 5 EL Wasser in einer Kasserolle erhitzen. Unter Rühren mit einem Holzlöffel so lange kochen lassen, bis die Flüssigkeit große Blasen wirft und bei der Fingerprobe Fäden zieht (siehe Seite 25).

Ricotta verrühren
Den Frischkäse mit einem Schneebesen mit festen Drahtschlaufen glattrühren, dabei nach und nach den Sirup hinzufügen. Es muß eine glatte, cremige Masse entstehen.

Gelatine verarbeiten
Die Gelatine einweichen, gut ausdrücken und in einem Topf bei schwacher Hitze auflösen. Zuerst 2 EL von der Ricottacreme mit der Gelatine verrühren, dann unter Rühren mit dem restlichen Frischkäse sorgfältig vermischen.

Cassata fertigstellen
Alle vorbereiteten Zutaten gleichmäßig unter die Frischkäsecreme rühren. Eine Kuppelform von 1,5 l Inhalt mit kaltem Wasser ausspülen, die Masse einfüllen und die Oberfläche glattstreichen. Mit Klarsichtfolie abdecken und kalt stellen.

AMBROSIACREME

Für 4 Personen
Zubereitungszeit: 25 Minuten
Kühlzeit: 2 bis 3 Stunden

8 Blatt weiße Gelatine
2 Blatt rote Gelatine
250 g rote Johannisbeeren
4 cl Cassis-Likör
100 g Zucker
1/2 l Buttermilch
1/8 l Sahne
Außerdem:
etwas geschlagene Sahne
einige Johannisbeerrispen

1. Gelatine in kaltem Wasser einweichen. Johannisbeeren und Likör im Mixer pürieren und durch ein Sieb passieren.
2. Zucker und 2 EL Wasser sirupartig einkochen und mit Buttermilch und Fruchtmark verrühren.
3. Gelatine auflösen und mit der Buttermilch vermischen (siehe Seite 47). Die Sahne halbsteif schlagen und darunterziehen. Die Creme in Förmchen füllen und fest werden lassen.
4. Die Creme stürzen und mit Sahne und Johannisbeeren garnieren.

Pro Person:
Kalorien (kcal) 316
Eiweiß (g) 10
Fett (g) 11
Kohlenhydrate (g) 39

JOGHURT-FRUCHTSÜLZE

Für 4 Personen
Zubereitungszeit: 30 Minuten
Kühlzeit: 3 bis 4 Stunden

8 Blatt weiße Gelatine
80 g Zucker
1 EL Vanillezucker
Saft und Schale von
1/2 unbehandelten Orange
500 g Vollmilchjoghurt
2 cl Himbeergeist
1/4 l Sahne
400 g Himbeeren

1. Gelatine in kaltem Wasser einweichen.
2. Zucker, Vanillezucker und 1 EL Wasser sirupartig einkochen und mit Orangensaft und -schale unter den Joghurt rühren. Mit dem Himbeergeist abschmecken.
3. Die Gelatine auflösen und mit dem Joghurt vermischen (siehe Seite 47).
4. Die Sahne steif schlagen und mit der Hälfte der Beeren unter die Creme ziehen. In kleine Formen füllen, fest werden lassen und stürzen.
5. Die Sülze mit den restlichen Himbeeren belegen und garnieren.

Pro Person:
Kalorien (kcal) 430
Eiweiß (g) 11
Fett (g) 25
Kohlenhydrate (g) 37

EXOTISCHE QUARKCREME

Für 4 Personen
Zubereitungszeit: 25 Minuten

- 1/2 frische Ananas
- 1/2 frische Mango
- 2 Passionsfrüchte
- 500 g Topfen oder
- Magerquark
- 4 cl Kokoslikör
- 3 EL Puderzucker
- 3 EL Kokosflocken
- 1/8 l Sahne

Außerdem:

- 1/2 Granatapfel

1. Ananas und Mango schälen und das Fruchtfleisch in Würfel schneiden. Das Fruchtfleisch der Passionsfrüchte durch ein Sieb passieren und den Saft mit den Fruchtwürfeln vermischen.
2. Den Topfen mit Kokoslikör und Puderzucker glattrühren. Die Kokosflocken sowie die vorbereiteten Früchte daruntermischen.
3. Die Sahne steif schlagen und unter die Creme ziehen.
4. Die Kerne des Granatapfels auslösen und über dem Dessert verteilen. Nach Belieben mit Rosen aus Mangofruchtfleisch garnieren.

Pro Person:
Kalorien (kcal) 358
Eiweiß (g) 19
Fett (g) 14
Kohlenhydrate (g) 31

WESTFÄLISCHE QUARKSPEISE

Für 4 Personen
Zubereitungszeit: 20 Minuten
Kühlzeit: 1 Stunde

- 500 g Sahnequark
- 2 EL Vanillezucker
- 50 g Zucker
- 100 ml Milch
- 100 g Pumpernickel
- 2 cl Rum
- 100 g Zartbitterschokolade
- 50 g Haselnüsse
- 200 g entsteinte Sauerkirschen (aus dem Glas)
- 1/8 l Sahne
- Schokoladenspäne

1. Quark mit Vanillezucker, Zucker und Milch glattrühren.
2. Pumpernickel zerbröseln und mit Rum beträufeln. Schokolade reiben, die Nüsse hacken und beides unter die Brotbrösel mischen.
3. Pumpernickelmischung, Kirschen und Quark in Schichten in Glasschüsseln füllen, dabei mit Quark abschließen. Die Quarkspeise etwa 1 Stunde kühl stellen.
4. Die Sahne schlagen und die Quarkspeise damit verzieren. Mit einigen Kirschen und Schokoladenspänen garnieren.

Pro Person:
Kalorien (kcal) 724
Eiweiß (g) 21
Fett (g) 41
Kohlenhydrate (g) 58

TIRAMISU

Obwohl es eigentlich nie ein Klassiker der italienischen Küche war, hat kein anderes Dessert aus Italien bei uns derart für Furore gesorgt wie die Komposition aus espressogetränktem Biskuit und sahniger Mascarponecreme. Niemand kann genau nachvollziehen, welchen Ursprung diese Süßspeise hat, die übersetzt soviel bedeutet wie »zieh mich hoch«. Heute jedenfalls wird sie fast in ganz Europa mit Genuß gelöffelt. Hier die klassische Version und einige traumhafte Variationen.

Für 4 Personen
Zubereitungszeit: 30 Minuten
Kühlzeit: etwa 3 Stunden

200 ml Espresso
4 cl italienischer Weinbrand
oder Cognac
4 Eigelb
80 g Zucker
1/2 Vanilleschote
500 g Mascarpone
etwa 150 g Löffelbiskuits
Kakaopulver, schwach entölt

1. Den Espresso frisch zubereiten, mit dem Alkohol vermischen und abkühlen lassen.
2. Eigelb und Zucker so lange schaumig schlagen, bis sich der Zucker vollständig aufgelöst hat. Die Vanilleschote der Länge nach aufschneiden und das Mark mit einem spitzen Messer in die Creme schaben. Den Mascarpone löffelweise darunterrühren.
3. Eine rechteckige große Form mit der Hälfte der Löffelbiskuits auslegen und mit der Hälfte des Espressos tränken. Eine Hälfte der Mascarponecreme darüber verteilen und glattstreichen. Mit den restlichen Biskuits belegen, ebenfalls tränken und mit der restlichen Mascarponecreme bedecken.
4. Die Oberfläche glattstreichen, mit Klarsichtfolie abdecken und das Tiramisu einige Stunden kalt stellen.
5. Vor dem Servieren dick mit Kakao bestäuben.

Pro Person:
Kalorien (kcal) 779
Eiweiß (g) 22
Fett (g) 52
Kohlenhydrate (g) 44

• Das Tiramisu über Nacht durchziehen lassen. So schmeckt es am besten!
• Dazu paßt: ein Espresso oder ein Cognac!

1

2

3

1. Tiramisu mit Amaretti und Grappa (für 4 Personen)

Etwa 60 g kleine Amaretti auf 4 Souffléförmchen (10 cm Durchmesser) verteilen. 6 cl Espresso und 2 cl Grappa vermischen und mit zwei Drittel davon die Kekse tränken.
2 Eigelb, 4 cl Amaretto und 40 g Zucker über einem heißen Wasserbad wie eine Zabaione aufschlagen (siehe Seite 133). 250 g Mascarpone mit einem Schneebesen glattrühren und den Amarettoschaum gleichmäßig darunterziehen. Die Creme auf den Amaretti verteilen. Pro Förmchen 3 Amaretti in den restlichen Espresso tauchen und leicht in die Creme drücken. Mit Klarsichtfolie abdecken und mindestens 2 Stunden durchziehen lassen. Wird das Tiramisu in einer großen rechteckigen Form zubereitet, muß die Zutatenmenge verdoppelt werden.

2. Schoko-Tiramisu (für 6 bis 8 Personen)

Eine rechteckige halbhohe Form mit etwa 75 g Löffelbiskuits auslegen. 200 ml Espresso und 6 cl Amaretto vermischen und mit der Hälfte davon die Biskuits tränken.
4 Eigelb, 60 g Zucker und 2 gehäufte EL schwach entölten Kakao über einem heißen Wasserbad zu einer schaumigen Creme aufschlagen.
500 g Mascarpone glattrühren und löffelweise die Schaummasse darunterrühren. Die Hälfe der Creme auf den Löffelbiskuits verteilen, mit etwa 75 g Löffelbiskuits bedecken und mit dem restlichen Espresso beträufeln. Die zweite Hälfte der Creme darüberstreichen, mit Klarsichtfolie abdecken und einige Stunden kalt stellen. Vor dem Servieren mit Schokoladenfächern oder -spänen garnieren und mit Puderzucker bestäuben.

3. Tiramisu für Kinder (für 6 bis 8 Personen)

Eine große rechteckige Form mit 75 g Löffelbiskuits auslegen. Je 250 g Erdbeeren und Himbeeren mit 2 EL Puderzucker im Mixer pürieren und durch ein feines Sieb passieren. Die Biskuits mit der Hälfte des Fruchtmarks begießen.
4 Eigelb mit 80 g Zucker, 2 EL Vanillezucker, etwas abgeriebener unbehandelter Orangenschale und dem Saft von 1/2 Orange schaumig rühren. 500 g Mascarpone glattrühren und löffelweise die Schaummasse hinzufügen.
Die Hälfte der Creme auf den Biskuits verteilen, mit 75 g Löffelbiskuits belegen und mit dem restlichen Beerenmark beträufeln. Mit der zweiten Hälfte der Creme bedecken und die Oberfläche glattstreichen. Mit Klarsichtfolie abdecken und mehrere Stunden kalt stellen. 1/4 l Sahne steif schlagen, in einen Spritzbeutel füllen und die Oberfläche mit Sahnetupfen verzieren. Mit Himbeeren und Erdbeeren garnieren und Puderzucker bestäuben.

FRUCHT-DESSERTS

Ob als Salat, Kompott, Grütze oder Gelee serviert – Desserts aus Früchten bieten immer einen besonders erfrischenden Genuß!

EXOTISCHE FRÜCHTE IN EDELSÜSSEM WEINGELEE

Für alle, die auf Kalorien achten und dennoch auf einen süßen Menüabschluß nicht verzichten wollen, ist dieses Dessert genau das Richtige. Edelsüßer Wein, Sekt, Rotwein oder Sherry sind, ebenso wie Fruchtsaft oder Milchprodukte, ideale und wohlschmeckende Grundlagen. An heißen Sommertagen ist das Gelee ein herrlich erfrischender Genuß!

Für 4 Personen
Zubereitungszeit: 30 Minuten
Kühlzeit: 1 bis 3 Stunden

- 9 Blatt weiße Gelatine (oder etwa 13 g Gelatinepulver)
- 1 rosa Grapefruit
- 1 Orange
- 2 Kiwis
- 1/2 vollreife Mango
- 1 Papaya
- 100 g Himbeeren
- 40 g Zucker
- 3/4 l edelsüßer Wein (z. B. Sauternes oder eine deutsche Beerenauslese)
- einige Minzezweige

1. Die Blattgelatine in reichlich kaltem Wasser einweichen. (Bei Gelatinepulver Packungsangaben beachten.)
2. Grapefruit und Orange schälen und dabei die weiße Haut völlig entfernen. Dann die Früchte filetieren. Kiwis und Mango schälen. Kiwis in Scheiben, die Mango in schmale Spalten schneiden. Papaya halbieren, schwarze Kerne entfernen und mit einem Kugelausstecher kleine Bällchen aus dem Fruchtfleisch formen.
3. Die Früchte in Sektschalen oder in einer großen Glasschale anordnen und mit den Himbeeren garnieren.
4. Den Zucker und 1 EL Wein erhitzen und sirupartig einkochen. Ein Glas Wein dazugeben, von der Kochstelle nehmen. Die Gelatineblätter aus dem Wasser nehmen und ausdrücken. Die Blattgelatine (oder das gequollene Gelatinepulver) in dem Sirup auflösen.
5. Den restlichen Wein dazugießen. Dann in einer Schüssel mit Eiswasser unter Rühren erkalten lassen. Sobald die Flüssigkeit zu gelieren beginnt, vorsichtig mit einem Schöpflöffel über den Früchten verteilen. Sie müssen völlig mit Gelee bedeckt sein. Im Kühlschrank in etwa 3 Stunden fest werden lassen.
6. Mit Minzeblättern und eventuell Nocken aus steifgeschlagener Sahne garniert servieren.

Pro Person:
Kalorien (kcal) 263
Eiweiß (g) 5
Fett (g) 0
Kohlenhydrate (g) 32

• Statt Sauternes oder einer guten Beerenauslese können Sie auch auf eine halbtrockene Spätlese zurückgreifen!
• Sehr gut schmeckt auch Vanilleeis dazu.

Gelatine einweichen
Gelatineblätter einrollen und am besten in einem hohen Meßbecher mit kaltem Wasser bedecken. Das Gelatinepulver nach den Packungsangaben mit Wasser verrühren und 10 Minuten quellen lassen.

Früchte vorbereiten
Alle Früchte schälen. Die Zitrusfrüchte filetieren, Kiwis in Scheiben und die Mango in Spalten schneiden. Papaya halbieren, mit einem Löffel die Kerne entfernen und das Fruchtfleisch mit einem Ausstecher zu Kugeln formen. In Sektschalen oder einer Schüssel anrichten.

Gelatine auflösen
Den Zucker und 1 EL Wein sirupartig einkochen. Ein Glas Wein dazugießen und von der Kochstelle nehmen. Gelatineblätter ausdrücken und nach und nach unter Rühren in der heißen Flüssigkeit auflösen. Das gequollene Gelatinepulver löffelweise dazugeben und auflösen.

Gelee kalt rühren
Die Geleeflüssigkeit in eine Schüssel gießen, in eine zweite Schüssel mit Eiswasser stellen und unter Rühren völlig erkalten lassen.

Gelee fertigstellen
Sobald die Flüssigkeit zu gelieren beginnt, mit einem Schöpflöffel vorsichtig über den Früchten verteilen. Sie müssen völlig mit dem Gelee bedeckt sein. Portionsschalen 1 Stunde, eine große Schüssel 2 bis 3 Stunden kalt stellen.

WACKELPETER FÜR GROSS UND KLEIN

Was Sie beim Verarbeiten von Gelatine beachten sollten:

• Je höher der Gelatinegehalt der Speisen, um so mehr geht der Eigengeschmack der verwendeten Flüssigkeit verloren. Darum immer nur soviel Gelatine wie nötig verwenden! Pro 1/2 l Flüssigkeit benötigt man zum Stürzen 7 bis 8 Blatt oder etwa 10 bis 12 g Pulver, für Geleespeisen, die im Glas serviert werden, 5 bis 6 Blatt oder 7 bis 9 g Pulver.
• Stürzt man das Gelee aus hohen oder großen Formen, benötigt man etwas mehr Gelatine, da durch das große Eigengewicht mehr Stabilität nötig ist!
• Zum Stürzen löst man den Geleerand mit einem kleinen Messer von der Form und taucht diese wenige Sekunden in heißes Wasser. Nun legt man einen flachen Teller mit der Oberseite nach unten auf die Form und stürzt beides schnell um. Bei Bedarf leicht schütteln oder die Form ein zweites Mal in das heiße Wasser tauchen.

1. Orangengelee
80 g Zucker und den Saft von 1 Zitrone sirupartig einkochen. 8 Blatt weiße Gelatine in kaltem Wasser einweichen. 100 ml frisch gepreßten Orangensaft unter den Sirup rühren, die Gelatineblätter ausdrücken und darin auflösen. 400 ml frisch gepreßten Orangensaft hinzufügen und die Mischung durch ein feines Sieb in eine Schüssel gießen. Kaltrühren, bis die Flüssigkeit zu gelieren beginnt. 2 bis 3 Orangen filetieren (siehe Seite 22) und mit 4 cl Cointreau marinieren. Den Boden einer Form mit einem 1/2 cm hohen Geleespiegel ausgießen. Erstarren lassen, dann mit Orangenfilets belegen. Einige Zitronenmelisseblätter dazwischen anordnen. Mit der restlichen Flüssigkeit aufgießen. Fest werden lassen und vor dem Servieren stürzen.

2. Rotweingelee mit Kirschen
250 g entsteinte Kirschen mit 2 EL Zucker und 4 cl Kirschwasser etwa 15 Minuten marinieren. 5 Blatt weiße und 1 Blatt rote Gelatine in kaltem Wasser einweichen. Früchte auf ein Sieb geben. Den entstandenen Saft auffangen und mit 100 ml halbtrockenem Rotwein erhitzen. Die Gelatine ausdrücken, darin auflösen und 400 ml Rotwein dazugießen. Kaltrühren, bis die Flüssigkeit zu gelieren beginnt. Kirschen auf 4 Sektschalen verteilen und die Gelierflüssigkeit darübergießen. Fest werden lassen und servieren.

3. Waldmeistergelee mit Kiwis
1 Bund Waldmeister (leicht angewelkt hat er das meiste Aroma) mit 1/2 l trockenem Weißwein begießen und zugedeckt etwa 30 Minuten marinieren. 50 g Zucker und 2 EL Wasser sirupartig einkochen. 6 Blatt weiße Gelatine in kaltem Wasser einweichen. Etwas Wein mit dem Sirup erhitzen, die Gelatine ausdrücken und darin auflösen. Den restlichen Wein durch ein Sieb dazugießen. Kaltrühren, bis die Flüssigkeit zu gelieren beginnt. 2 Kiwis schälen, kurz in kochendes Wasser legen und in Scheiben schneiden. Die Fruchtscheiben auf 4 Glasschalen verteilen und mit der Geleeflüssigkeit begießen. Fest werden lassen und servieren.

1

2

3

4

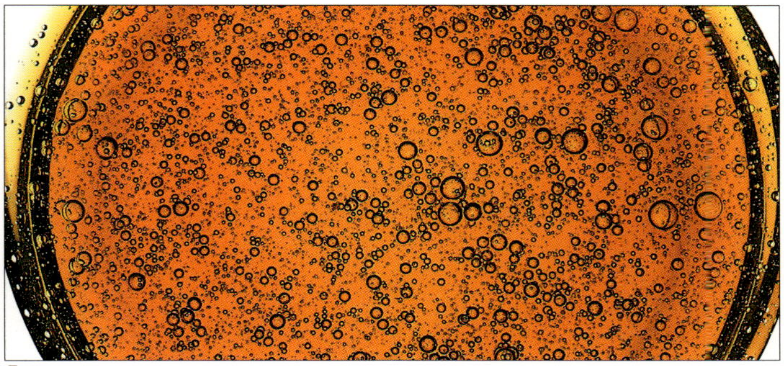

5

6

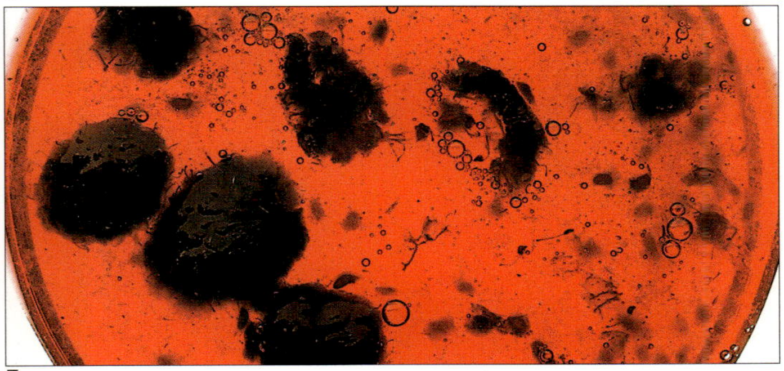

7

8

4. Weintrauben in Sektgelee
250 g Weintrauben halbieren, entkernen und auf 4 Sektschalen verteilen. Mit je 1 TL Pinienkernen bestreuen. 8 Blatt weiße Gelatine in kaltem Wasser einweichen. 50 g Zucker und 2 EL Wasser sirupartig einkochen. 100 ml trockenen Sekt, Spumante oder Cava mit dem Sirup erhitzen. Die Gelatine ausdrücken und darin auflösen. Mit 650 ml Schaumwein aufgießen. Kaltrühren, bis die Flüssigkeit zu gelieren beginnt. Dann Trauben und Pinienkerne damit begießen. Fest werden lassen und servieren.

5. Kaffeegelee
1/2 l starken Kaffee nach Belieben süßen und mit 4 cl Cognac oder Kirschwasser abschmecken. 6 Blatt weiße Gelatine in kaltem Wasser einweichen, gut ausdrücken und in dem heißen Kaffee auflösen. Kaltrühren, bis die Flüssigkeit zu gelieren beginnt. In 4 Glasschalen oder Kaffeetassen füllen und fest werden lassen. Nach Belieben mit halbfest geschlagener Sahne und frisch gemahlenem Kaffee bestreut servieren.

6. Sauerrahmgelee
100 g Zucker und 2 EL Wasser sirupartig einkochen. 9 Blatt weiße Gelatine in kaltem Wasser einweichen. Von 1/2 l Sauerrahm einige Eßlöffel abnehmen und mit dem Sirup verrühren. Gelatine ausdrücken und darin auflösen. Den restlichen Sauerrahm hinzufügen. Kaltrühren, bis die Masse zu gelieren beginnt. 200 g Sahne halbfest schlagen und sorgfältig daruntermischen. Mit dem Saft und der Schale von 1 Limette und frisch geriebenem Ingwer abschmecken. Die Masse in eine kleine Kastenform von 1 l Inhalt füllen und fest werden lassen. Stürzen, in Scheiben schneiden und mit Beerenfrüchten oder Fruchtmark servieren.

7. Himbeergelee
500 g Himbeeren mit 80 g Zucker und 3 EL Zitronensaft etwa 1 Stunde marinieren. 6 Blatt weiße und 1 Blatt rote Gelatine in kaltem Wasser einweichen. Himbeeren durch ein Sieb passieren (einige Beeren zurückbehalten) und mit trockenem Amontillado-Sherry oder Apfelsaft auf 1/2 l auffüllen. Ein wenig davon erhitzen, die Gelatine ausdrücken und darin auflösen. Die restliche Fruchtmischung und die ganzen Beeren dazugeben. Kaltrühren, bis die Flüssigkeit zu gelieren beginnt. In 4 Tassen oder Glasschalen füllen und fest werden lassen. Nach Belieben mit Vanillesauce servieren.

8. Zitronengelee mit Melisse
6 Blatt weiße Gelatine in kaltem Wasser einweichen. 100 g Zucker mit 2 EL Wasser sirupartig einkochen. Den Saft von 2 Zitronen hinzufügen. Gelatine ausdrücken und darin auflösen. Mit dem Saft von 2 Zitronen und trockenem Wein auf 1/2 l aufgießen. Kaltrühren, bis die Flüssigkeit zu gelieren beginnt. 8 bis 10 Zitronenmelisseblätter in Streifen geschnitten oder im ganzen darunterrühren. In 4 Glasschalen füllen und fest werden lassen. Mit Sahnetupfen und frischen Zitronenmelissezweigen servieren.

ROTE GRÜTZE

Früher wurde in Dänemark roter Fruchtsaft mit Hafer-, Gersten- oder Buchweizengrütze angedickt und als Hauptgericht gereicht – daher auch der Name rote Grütze. Ein typisches Armeleuteessen, das sich schon lange auch in Deutschland zu einer überregionalen Spezialität entwickelt hat. Das gut gekühlte und mit Vanillesauce oder Sahne servierte Dessert ist vor allem in den warmen Monaten besonders begehrt und darf während der Beerensaison auf keiner Speisekarte fehlen.

Für 4 bis 6 Personen
Zubereitungszeit: 25 Minuten

- 300 g rote Johannisbeeren
- 100 g schwarze Johannisbeeren
- 250 g Himbeeren
- 200 g Sauerkirschen
- 100 g Zucker
- 1/2 l roter Johannisbeersaft
- 50 g Speisestärke, z. B. Mondamin

1. Die Johannisbeeren von den Rispen streifen, Himbeeren putzen und Sauerkirschen entsteinen.
2. 200 g rote Johannisbeeren, die schwarzen Johannisbeeren sowie die Hälfte der Himbeeren in einen Topf geben und mit Zucker bestreuen. Mit dem Saft begießen und erhitzen. Einige Minuten köcheln lassen. Die Früchte durch ein Sieb passieren und erneut zum Kochen bringen.
3. Die Speisestärke mit etwas kaltem Wasser anrühren und das Fruchtpüree damit andicken. Einige Male aufkochen lassen, damit die Grütze klar wird.
4. Die restlichen Früchte vorsichtig darunterrühren, kurz erhitzen und etwas abgekühlt in eine Schüssel oder in Portionsschalen füllen. Gut gekühlt servieren!

Pro Person:
Kalorien (kcal) 240
Eiweiß (g) 2
Fett (g) 0
Kohlenhydrate (g) 56

• Die rote Grütze unbedingt mit kalter Milch, flüssiger oder halbsteif geschlagener Sahne, Vanillesauce (siehe Seite 134) oder Vanilleeis servieren!
• Soll die Grütze gestürzt werden, muß man 70 g Speisestärke verwenden.

RHABARBER-ERDBEER-GRÜTZE

STACHELBEER-KIWI-GRÜTZE

Rhabarber-Erdbeer-Grütze

Für 4 Personen
Zubereitungszeit: 25 Minuten

- 500 g Rhabarber
- 400 ml Weißwein, halbtrocken
- 100 g Zucker
- 1 TL geriebene Ingwerwurzel
- 40 g Speisestärke, z. B. Mondamin
- 250 g Erdbeeren

1. Den Rhabarber schälen und in Stücke schneiden.
2. Wein, Zucker und Ingwer erhitzen und den Rhabarber darin weichkochen. Die Stücke sollen dabei nicht zerfallen. Auf einem Sieb abtropfen lassen und die Flüssigkeit auffangen.
3. Die Speisestärke mit 2 EL kaltem Wasser anrühren und unter die Flüssigkeit rühren. Aufkochen lassen!
4. Die Erdbeeren von den Stielen zupfen, halbieren und mit dem Rhabarber darunterrühren. Kurz erhitzen, in Schalen füllen und erkalten lassen. Mit Vanilleeis servieren.

Pro Person:
Kalorien (kcal) 343
Eiweiß (g) 3
Fett (g) 6
Kohlenhydrate (g) 53

Stachelbeer-Kiwi-Grütze

Für 4 Personen
Zubereitungszeit: 25 Minuten

- 500 g grüne Stachelbeeren
- 140 g Zucker
- 400 ml Weißwein, halbtrocken
- 40 g Speisestärke, z. B. Mondamin
- 2 Kiwis
- 25 g gehackte Pistazien

1. Stachelbeeren putzen und mit Zucker und Wein so lange kochen, bis sie weich sind und zu zerfallen beginnen. Durch ein feines Sieb passieren.
2. Die Speisestärke mit 2 EL kaltem Wasser anrühren und unter das Fruchtmus rühren. Einige Male aufkochen lassen.
3. Kiwis schälen, in Scheiben schneiden und mit den Pistazien unter die Grütze mischen. Kurz erhitzen, in eine Schüssel füllen und erkalten lassen. Eventuell mit halbsteif geschlagener Sahne servieren.

Pro Person:
Kalorien (kcal) 366
Eiweiß (g) 3
Fett (g) 4
Kohlenhydrate (g) 65

ROTWEINZWETSCHGEN

Kompott, das klingt für viele nach einer eher eintönigen Angelegenheit! Mit etwas Phantasie zubereitet, sind die gargezogenen Früchte pur oder als Beigabe zu Eis oder Cremes jedoch ein wahrer Hochgenuß. Wichtig ist nur, daß die Früchte Farbe, Form und Aroma behalten!

Für 4 Personen
Zubereitungszeit: 25 Minuten

- 1/2 l gehaltvoller Rotwein
- 150 g Zucker
- 1 Stück Zimtstange
- 2 Gewürznelken
- 1 Stück unbehandelte Orangenschale
- 1 kg vollreife Spätzwetschgen
- 4 cl Armagnac

1. Rotwein, Zucker und die Gewürze in einen Topf geben, erhitzen und etwa 5 Minuten köcheln lassen.
2. Zwetschgen halbieren, entsteinen und in den kochenden Sud geben.
3. Die Hitze sofort reduzieren und die Früchte etwa 6 bis 8 Minuten pochieren.
4. Die Zwetschgen mit dem Schaumlöffel aus dem Sud heben und in eine Schüssel geben.
5. Den Sud bei starker Hitze sirupartig einkochen.
6. Von der Kochstelle nehmen, die Gewürze entfernen und den Fruchtsirup mit Armagnac abschmecken. Die Früchte damit übergießen und erkalten lassen.

Pro Person:
Kalorien (kcal) 400
Eiweiß (g) 2
Fett (g) 0
Kohlenhydrate (g) 68

Kochsud vorbereiten
Den Wein und die Gewürze in einen Topf geben, der so groß sein soll, daß die zu pochierenden Früchte darin ausreichend Platz haben. Den Sud zum Kochen bringen!

Früchte pochieren
Die halbierten und entsteinten Früchte in den Kochsud geben und zugedeckt darin je nach Reifegrad 6 bis 8 Minuten pochieren. Die Flüssigkeit soll dabei nicht kochen.

Sud einkochen lassen
Früchte aus dem Sud heben, Gewürze entfernen! Flüssigkeit bei starker Hitze sirupartig einkochen lassen und mit Alkohol abschmecken. Die Früchte in dem Sud marinieren.

- Die verwendeten Früchte müssen unbedingt vollreif, dürfen aber auf keinen Fall zu weich sein!
- Für alle Kompottvariationen gilt: Wer mehr Flüssigkeit möchte, kocht den Sud kürzere Zeit und dickt den Saft mit 1 TL kalt angerührter Speisestärke (z. B. Mondamin) an.

BIRNENKOMPOTT MIT PINIENKERNEN

Für 4 Personen
Zubereitungszeit: 25 Minuten

800 g vollreife Birnen, z. B.
Williams Christ
Saft von 1/2 Zitrone
1/2 l Weißwein, halbtrocken
100 g Zucker
1 Vanilleschote
1 Stück Zitronenschale
4 cl Birnengeist
40 g Pinienkerne

1. Birnen schälen, halbieren und entkernen. In längliche Spalten schneiden und mit Zitronensaft beträufeln.
2. Wein, Zucker, aufgeschnittene Vanilleschote und Zitronenschale einige Minuten köcheln lassen. Die Birnen in den Sud geben und 3 bis 5 Minuten pochieren.
3. Die Früchte aus dem Sud heben und die Flüssigkeit sirupartig einkochen. Mit Birnengeist abschmecken, über die Früchte gießen und kalt stellen.
4. Mit goldbraun gerösteten Pinienkernen bestreuen.

Pro Person:
Kalorien (kcal) 364
Eiweiß (g) 3
Fett (g) 6
Kohlenhydrate (g) 49

APRIKOSENKOMPOTT MIT MANDELN

Für 4 Personen
Zubereitungszeit: 20 Minuten

800 g vollreife Aprikosen
1/2 l trockener Weißwein
150 g Zucker
2 Bittermandeln
1 EL Zitronensaft
2 cl Amaretto
2 EL Aprikosenkonfitüre
2 EL Mandelstifte

1. Aprikosen kurz in kochendem Wasser blanchieren, häuten und entsteinen.
2. Weißwein mit Zucker und Bittermandeln erhitzen und die Früchte in dem Sud etwa 5 bis 8 Minuten pochieren.
3. Früchte und Bittermandeln aus dem Sud nehmen und die Flüssigkeit sirupartig einkochen. Mit Zitronensaft und Amaretto abschmecken und die Konfitüre darunterrühren. Über die Früchte gießen und kalt stellen.
4. Mit goldbraun gerösteten Mandelstiften bestreuen.

Pro Person:
Kalorien (kcal) 397
Eiweiß (g) 3
Fett (g) 3
Kohlenhydrate (g) 69

KARAMELISIERTE APFELSPALTEN

Für 4 Personen
Zubereitungszeit: 30 Minuten

- 800 g säuerliche Äpfel, z. B. Boskop
- 30 g Butter
- 120 g Zucker
- 1 Msp gemahlener Zimt
- 6 cl Calvados oder Apfelsaft
- Saft von 1/2 Zitrone

1. Äpfel schälen, halbieren, entkernen und in längliche Spalten schneiden.
2. Butter und Zucker in einer großen Pfanne karamelisieren lassen. Zimt und die Apfelspalten dazugeben und bei mittlerer Hitze unter Schwenken der Pfanne einige Minuten anbraten.
3. Mit Calvados oder Apfelsaft ablöschen und mit Zitronensaft beträufeln. Zugedeckt 5 bis 8 Minuten weichschmoren. Falls nötig, noch etwas Flüssigkeit hinzufügen.
4. Die Früchte lauwarm mit Vanilleeis servieren.

Pro Person:
Kalorien (kcal) 290
Eiweiß (g) 1
Fett (g) 7
Kohlenhydrate (g) 56

MIRABELLENKOMPOTT

Für 4 Personen
Zubereitungszeit: 20 Minuten

- 500 g Mirabellen
- 1/4 l Weißwein, halbtrocken
- 60 g Zucker
- 1 Stück unbehandelte Zitronenschale
- 4 cl Mirabellengeist

1. Die Mirabellen entsteinen. Weißwein, Zucker und die Zitronenschale einige Minuten köcheln lassen.
2. Die Früchte in dem Sud wenige Minuten pochieren, dann mit einem Schaumlöffel herausheben und den Sud sirupartig einkochen.
3. Den Sud mit Mirabellengeist abschmecken und über den Früchten verteilen. Kalt stellen!

Pro Person:
Kalorien (kcal) 185
Eiweiß (g) 1
Fett (g) 0
Kohlenhydrate (g) 35

HERBSTLICHES KOMPOTT

Für 4 Personen
Zubereitungszeit: 30 Minuten

- 300 g Holunderbeeren
- 1 großer Apfel
- 1 große Birne
- 250 g Spätzwetschgen
- 1/2 l Rotwein mit viel Bukett
- 1 Stück Zimtstange
- 1 Stück unbehandelte Orangenschale
- 2 Nelken
- 100 g Zucker
- 50 g Walnußhälften

1. Holunderbeeren von den Rispen zupfen. Apfel und Birne schälen, halbieren, entkernen und in längliche Spalten schneiden. Die Zwetschgen halbieren und entsteinen.
2. Rotwein mit den Gewürzen und dem Zucker einige Minuten kochen lassen. Die Früchte in den Sud geben und zugedeckt etwa 4 bis 6 Minuten pochieren.
3. Die Früchte mit einem Schaumlöffel aus dem Sud nehmen und den Sud sirupartig einkochen.
4. Den Sud über den Früchten verteilen, kalt stellen. Mit Walnüssen bestreut servieren.

Pro Person:
Kalorien (kcal) 385
Eiweiß (g) 5
Fett (g) 8
Kohlenhydrate (g) 48

ROTWEINKIRSCHEN

Für 4 Personen
Zubereitungszeit: 25 Minuten

- 500 g süße Kirschen
- 4 cl Kirschwasser
- 1/4 l gehaltvoller Rotwein
- 4 cl Portwein
- 60 g Zucker
- 1 Stück Zimtstange
- 25 g Pistazienkerne

1. Kirschen entsteinen und mit Kirschwasser etwa 30 Minuten marinieren.
2. Rotwein, Portwein, Zucker und Zimt bei starker Hitze sirupartig einkochen.
3. Die marinierten Kirschen mitsamt der Einweichflüssigkeit in den Sud geben und 2 bis 3 Minuten pochieren.
4. In eine Schüssel schütten, den Zimt entfernen und das Dessert kalt stellen. Mit den Pistazien bestreuen und z. B. zu Vanilleeis oder Sauerrahmgelee (siehe Seite 57) servieren.

Pro Person:
Kalorien (kcal) 260
Eiweiß (g) 3
Fett (g) 4
Kohlenhydrate (g) 33

PFIRSICH MELBA

Für die begnadete australische Opernsängerin Nelly Melba (1861 bis 1931) kreierten zahlreiche Bewunderer herrliche Gerichte. Eine der besten Kreationen ist ohne Zweifel der in Vanillesirup pochierte Pfirsich, angerichtet auf Vanilleeis und mit Himbeermark übergossen. Nachfolgend das originalgetreue Rezept von Escoffier.

Für 4 Personen
Zubereitungszeit: 25 Minuten
Kühlzeit: 30 Minuten

4 vollreife Pfirsiche
150 g Zucker
1 Vanilleschote
Saft von 1 Zitrone
250 g Himbeeren
2 cl Himbeergeist
etwas Puderzucker
8 Kugeln Vanilleeis
20 g Mandelblättchen

1. Die Pfirsiche blanchieren, kalt abschrecken und die Haut abziehen. Die Früchte halbieren und die Steine entfernen.
2. Zucker und 1/2 l Wasser zum Kochen bringen. Die Vanilleschote der Länge nach aufschneiden und das Mark herausschaben. Schote und Mark sowie den Zitronensaft in die Zuckerlösung geben und sirupartig einkochen.
3. Die Pfirsichhälften in dem Vanillesirup 3 bis 5 Minuten, je nach dem Reifegrad der Früchte, pochieren. Früchte aus dem Sirup nehmen und abkühlen lassen.
4. Die Himbeeren mit 2 bis 3 EL Sirup im Mixer pürieren, dann durch ein feines Sieb passieren. Das Mark mit Himbeergeist abschmecken.
5. Vier Teller mit Puderzucker bestäuben. In die Mitte der Teller jeweils zwei Kugeln Eis setzen. Jede Eiskugel mit einer Pfirsichhälfte belegen und mit Himbeermark begießen.
6. Mandelblättchen rösten und darüberstreuen!

Pro Person:
Kalorien (kcal) 480
Eiweiß (g) 7
Fett (g) 15
Kohlenhydrate (g) 76

 Besonders fein schmeckt diese köstliche Abwandlung des Klassikers: weiße Pfirsiche pochieren und auf Pistazieneis anrichten. Mit Erdbeermark übergießen und servieren!

BIRNE HELENE

Dieses Dessert wurde in Paris anläßlich der Uraufführung der Operette »Die schöne Helena« von Jacques Offenbach von einem unbekannten Koch erfunden. Die Operette wurde ein Erfolg – »Birne Helene« ein Klassiker der Dessertküche!

Für 4 Personen
Zubereitungszeit: 30 Minuten

Für die Birnen:
4 Birnen, z. B. Williams Christ
2 EL Zitronensaft
1/2 l Weißwein, halbtrocken
150 g Zucker
1 Stück Ingwerwurzel
1 Stück Zimtstange
1 Stück unbehandelte Zitronenschale

Für die Sauce:
100 g Zartbitterschokolade
4 cl Birnengeist
2 EL Sahne

Außerdem:
Puderzucker zum Bestäuben
8 Kugeln Vanilleeis
einige kandierte Veilchen

1. Birnen schälen und sofort mit Zitronensaft beträufeln!
2. Wein, Zucker, Ingwer, Zimt und Zitronenschale sirupartig einkochen.
3. Die Birnen in dem Sud 5 bis 8 Minuten, je nach Reifegrad der Früchte, pochieren. Die Früchte in dem Sud abkühlen lassen.
4. Die Schokolade in kleine Stücke brechen und mit dem Birnengeist und der Sahne bei schwacher Hitze oder über einem heißen Wasserbad unter Rühren schmelzen lassen.
5. Vier Teller mit Puderzucker bestäuben. Die Birnen halbieren, vorsichtig entkernen und jeweils 2 Hälften in die Mitte eines Tellers legen. Auf jede Hälfte eine Kugel Eis setzen.
6. Die Schokoladensauce gut durchrühren und über die Birnen gießen oder getrennt dazu reichen! Mit kandierten Veilchen garnieren.

Pro Person:
Kalorien (kcal) 690
Eiweiß (g) 7
Fett (g) 22
Kohlenhydrate (g) 90

• Die Birnen müssen vollreif sein, damit sie richtig aromatisch schmecken. Sie dürfen aber auf keinen Fall zu weich sein, da sie sonst beim Pochieren zerfallen!
• Sehr schön sieht das Dessert aus, wenn man die pochierten Birnenhälften der Länge nach einschneidet, am Stielende jedoch nicht durchschneidet und anschließend fächerförmig mit den Eiskugeln und der Schokoladensauce garniert serviert.

BRATÄPFEL

Wann das erste Mal ein Apfel in das Bratrohr geschoben wurde, weiß heute niemand mehr. Aber sicher erinnert der unvergleichliche Duft von Bratäpfeln viele von uns an die Adventszeit ihrer Kindheit. Früher wurden die Äpfel meistens ohne Füllung in den Kachel- oder Backofen gelegt. Für den Geschmack entscheidend ist dabei in erster Linie das Aroma der Äpfel. Heute verwöhnen Bratäpfel mit den unterschiedlichsten Füllungen die Gaumen von Feinschmeckern.

Für 4 Personen
Zubereitungszeit: 1 Stunde

50 g Lebkuchen
2 getrocknete Aprikosen
2 EL Rosinen
4 cl Aprikosengeist
4 große aromatische Äpfel,
am besten Boskop oder
Cox Orange
40 g Butter
30 g Walnüsse
1/8 l Weißwein, halbtrocken
4 cl echter Rum

1. Lebkuchen und Aprikosen in kleine Würfel schneiden, die Rosinen hinzufügen. Mit dem Aprikosengeist begießen und mindestens 15 Minuten durchziehen lassen.
2. Den Backofen auf 200° C vorheizen.
3. Die Äpfel waschen, jeweils einen Deckel abschneiden und mit einem Fruchtentkerner die Kerngehäuse entfernen. Die Äpfel nebeneinander in eine mit 20 g Butter ausgefettete Auflaufform setzen.
4. Die Walnüsse grob hacken und unter die Lebkuchenmasse mischen. Das fehlenden Kerngehäuse durch die Füllung ersetzen, restliche Füllung um die Äpfel verteilen. Die Deckel auf die Äpfel setzen.
5. Restliche Butter in Flöckchen schneiden und die Äpfel damit belegen. Die Äpfel auf der mittleren Schiene des Backofens 20 bis 30 Minuten braten. Nach 10 Minuten mit dem Wein begießen.
6. Vor dem Servieren den Rum erhitzen, über die Äpfel gießen, anzünden und sofort servieren!

Pro Person:
Kalorien (kcal) 360
Eiweiß (g) 3
Fett (g) 17
Kohlenhydrate (g) 31

Die Bratäpfel am besten mit Vanillesauce (siehe Seite 134) oder Vanilleeis servieren!

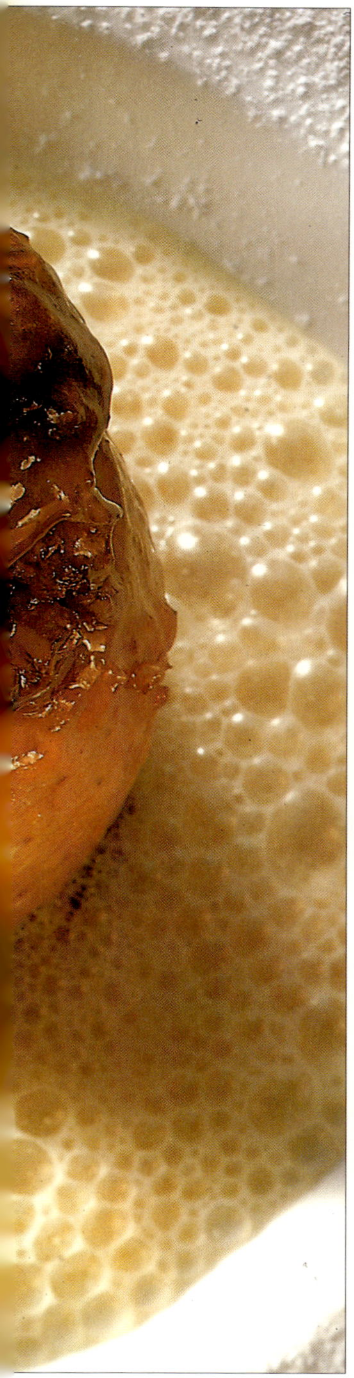

1

2

3

1. Bratäpfel mit Dattelfüllung
4 frische Datteln schälen, entkernen und in kleine Würfel schneiden. Mit 4 cl trockenem Amontillado-Sherry begießen und mindestens 15 Minuten durchziehen lassen. 50 g Haselnüsse rösten, die Schale abreiben und grob hacken. Mit 2 EL Orangenmarmelade unter die marinierten Datteln mischen. Mit etwas abgeriebener unbehandelter Orangenschale und geriebener Ingwerwurzel abschmecken. Von 4 großen Äpfeln die Deckel abschneiden und mit einem Fruchtentkerner das Kerngehäuse entfernen. Die Äpfel in eine gebutterte Form setzen, füllen und die restliche Füllung um die Äpfel verteilen. Die Deckel auf die Äpfel setzen, mit Butterflöckchen belegen und im vorgeheizten Backofen bei 200° C 20 bis 30 Minuten braten. Nach 10 Minuten mit $\frac{1}{8}$ l Weißwein oder Apfelsaft begießen.

2. Bratäpfel mit Rosinen
40 g Rosinen mit 4 cl echtem Rum begießen (für Kinder 4 cl Apfelsaft verwenden) und mindestens 15 Minuten durchziehen lassen. $\frac{1}{2}$ TL gemahlenen Zimt mit 4 EL streichfähigem Honig verrühren und 4 große, von den Kerngehäusen befreite Äpfel rundherum damit bestreichen. 50 g Mandelblättchen in einen tiefen Teller geben und die Äpfel darin wenden. Anschließend in eine gebutterte Form setzen und mit den Rosinen füllen. Restliche Rosinen um die Äpfel verteilen. Mit Butterflöckchen belegen und im vorgeheizten Backofen bei 200° C 20 bis 30 Minuten braten. Nach 10 Minuten mit $\frac{1}{8}$ l halbtrockenem Weißwein oder Apfelsaft begießen.

3. Bratäpfel mit Marzipanfüllung
Je 1 EL Zitronat und Orangeat in kleine Würfel schneiden und mit 30 g Marzipanrohmasse und 30 g gehäuteten gehackten Mandeln vermischen. Mit 2 bis 3 EL Kirschwasser oder Orangensaft begießen. Von 4 großen Äpfeln die Deckel abschneiden und mit einem Fruchtentkerner das Kerngehäuse entfernen. Die Äpfel in eine gebutterte Form setzen, füllen und die restliche Füllung um die Äpfel verteilen. Die Deckel auf die Äpfel setzen, mit Butterflöckchen belegen und im vorgeheizten Backofen bei 200° C 20 bis 30 Minuten braten. Nach 10 Minuten mit $\frac{1}{8}$ l Weißwein oder Orangensaft begießen. Inzwischen 1 Eiweiß mit 50 g Zucker steif schlagen und, kurz bevor die Äpfel gar sind, die Baisermasse als große Tupfen auf die Deckel spritzen. Etwa 5 Minuten weiterbacken, bis die Baiserhaube goldbraun ist.

TROPISCHER FRUCHTSALAT

Ein Korb mit frischen Früchten darf in südlichen Ländern als Nachtisch nicht fehlen. Nach einem üppigen Essen gibt es wohl auch keine bessere Alternative. Außer vielleicht eine der nachfolgenden Kompositionen aus reifen, aromatischen kleingeschnittenen Früchten, die raffiniert mariniert werden!

Für 4 Personen
Zubereitungszeit: 20 Minuten
Kühlzeit: 30 Minuten

1 kleine Mango
2 Kiwis
1/2 Ananas
4 frische Datteln
100 g Physalis (Kapstachelbeeren)
1 Karambole
4 Kumquats
2 Feigen
4 Passionsfrüchte
1 Limette
60 g Zucker
4 cl Maracujalikör
2 EL geröstete Pinienkerne

1. Mango, Kiwis und Ananas schälen. Die Datteln mit einem spitzen Messer häuten und entkernen. Die papierähnlichen Hüllen der Physalis entfernen. Karambole, Kumquats (mit der Schale) und Kiwis quer, die Feigen der Länge nach in Scheiben schneiden. Die Ananas in mundgerechte Stücke und die Datteln in längliche Spalten schneiden. Alle Früchte in einer großen Schüssel mischen.
2. Passionsfrüchte halbieren und das kernige Fruchtfleisch mit einem Löffel herauslösen. Im Mixer kurz pürieren und durch ein Sieb passieren.
3. Mit einem Zestenreißer feine Streifen von der Limettenschale abziehen oder die Schale grob abreiben.
4. Den Zucker und die Hälfte des entstandenen Saftes sirupartig einkochen. Den restlichen Saft sowie den Saft der Limette und den Likör dazugießen und den Sirup über den Früchten verteilen. Vorsichtig vermischen und etwa 30 Minuten kalt stellen.
5. Den Fruchtsalat mit Pinienkernen und der Limettenschale bestreuen.

Pro Person:
Kalorien (kcal) 300
Eiweiß (g) 4
Fett (g) 4
Kohlenhydrate (g) 58

Früchte vorbereiten
Früchte, falls nötig, schälen und entweder in längliche Spalten oder in Scheiben schneiden. Auf einem Kunststoffbrett arbeiten, den Fruchtsaft unbedingt auffangen.

Marinade herstellen
Die Kerne der Passionsfrüchte kurz pürieren und passieren. Die Hälfte des Saftes mit Zucker sirupartig einkochen. Restlichen Saft, Limettensaft und Likör daruntermischen.

Fruchtsalat marinieren
Die Früchte in einer großen Schüssel mit der Marinade begießen und vorsichtig vermischen. Mit Klarsichtfolie zudecken und mindestens 30 Minuten kalt stellen.

BEERENSALAT

Für 4 Personen
Zubereitungszeit: 15 Minuten
Kühlzeit: 30 Minuten

125 g rote Johannisbeeren
100 g schwarze
Johannisbeeren
250 g Erdbeeren
250 g Himbeeren
125 g Brombeeren
2 EL schwarzes
Johannisbeergelee
4 cl Cassislikör oder
Johannisbeersaft
Saft von 1 Orange

1. Die Johannisbeeren von den Rispen streifen, Erdbeeren, Himbeeren und Brombeeren putzen.
2. Für die Marinade das Johannisbeergelee mit Cassislikör oder Johannisbeersaft und Orangensaft glattrühren.
3. Die Marinade über den Beeren verteilen, locker vermischen und etwa 30 Minuten durchziehen lassen.

Pro Person:
Kalorien (kcal) 135
Eiweiß (g) 2
Fett (g) 0
Kohlenhydrate (g) 24

HERBSTLICHER FRUCHTSALAT

Für 4 Personen
Zubereitungszeit: 20 Minuten
Kühlzeit: 30 Minuten

150 g helle Trauben
150 g blaue Trauben
250 g Zwetschgen
2 kleine aromatische Äpfel
2 kleine aromatische Birnen
2 EL Preiselbeerkonfitüre
100 ml Amontillado-Sherry,
medium
50 g Walnüsse

1. Trauben und Zwetschgen halbieren und die Kerne und Steine entfernen. Zwetschgen längs in Spalten schneiden.
2. Äpfel und Birnen schälen, halbieren, entkernen und die Hälften in längliche Spalten schneiden. Die Früchte in eine große Schüssel geben.
3. Für die Marinade Preiselbeerkonfitüre durch ein Sieb passieren und mit dem Sherry glattrühren.
4. Marinade mit den Früchten vermischen und 30 Minuten durchziehen lassen. Mit den Walnüssen bestreut servieren.

Pro Person:
Kalorien (kcal) 275
Eiweiß (g) 3
Fett (g) 8
Kohlenhydrate (g) 39

EIS-DESSERTS

Eiskalte Genüsse für heiße Tage: Wählen Sie zwischen Eissoufflés, Parfaits, fruchtigen Sorbets – oder darf es einmal Eisbombe sein?

MANGO-EIS-GUGELHUPF

Wer das Speiseeis erfunden hat, ist ungewiß. Man vermutet, daß in China bereits vor 5000 Jahren Eis serviert wurde. Richtig entdeckt wurde das Speiseeis allerdings erst 1580, als ein junger Sizilianer bemerkte, daß Wasser mit Salpeter und Salz vermischt andere Flüssigkeiten zum Gefrieren bringt. 23 Jahre später wurde die erste Eisdiele in Wien eröffnet. Doch auch wenn es heute an jeder Ecke Eis zu kaufen gibt – das Selbermachen lohnt sich!

Für 4 bis 6 Personen
Zubereitungszeit: 35 Minuten
Gefrierzeit: 3 bis 4 Stunden

2 mittelgroße Mangos
(etwa 500 g Fruchtfleisch)
4 cl Grand Marnier
4 Eigelb
120 g Zucker
200 ml frisch gepreßter
Orangensaft
Saft von 1 Limette
1/2 l Sahne
3 Baiserschalen
(in Konditoreien erhältlich)
25 g gehackte Pistazien

1. Die Mangos schälen und das Fruchtfleisch in Spalten vom Kern schneiden (siehe Seite 22). Im Mixer pürieren, durch ein Sieb passieren und mit Grand Marnier verrühren.
2. Eigelb und Zucker in einer Schlagschüssel über einem heißen Wasserbad cremig aufschlagen. Die Masse soll nicht schaumig sein.
3. Nach und nach die Zitrussäfte und das Fruchtmark darunterrühren. Aus dem Wasserbad nehmen und in einer Schüssel mit Eiswasser unter Rühren erkalten lassen.
4. Sahne steif schlagen und unter die Fruchtmasse ziehen. Die Baiserschalen in kleine Stücke hacken und mit den Pistazien ebenfalls unter die Fruchtmasse mischen.
5. Die Creme in eine Gugelhupfform von 1,5 l Inhalt füllen, mit Klarsichtfolie zudecken und einige Stunden im Tiefkühlgerät gefrieren lassen.
6. Die Form kurz in heißes Wasser tauchen. Eine Platte mit der Oberseite nach unten auf die Form legen und beides rasch wenden. Gegebenenfalls etwas schütteln, bis sich das Eis löst.
7. Nach Belieben mit geschlagener Sahne, Hippengebäck (siehe Seite 92) und Mangowürfeln oder Schokoladensauce (siehe Seite 135) servieren.

Pro Person:
Kalorien (kcal) 370
Eiweiß (g) 5
Fett (g) 20
Kohlenhydrate (g) 38

• Das Mangofruchtfleisch kann man auch durch frisch püriertes Ananasfruchtfleisch ersetzen.
• Selbstzubereitete cremige Eissorten mindestens 15 Minuten vor dem Servieren aus dem Tiefkühlgerät nehmen!

Fruchtmark vorbereiten
Die Mangos schälen und das Fruchtfleisch in Spalten vom Kern scheiden. Im Mixer fein pürieren, durch ein feines Sieb passieren und mit dem Alkohol abschmecken.

Eiercreme aufschlagen
Eigelb und Zucker in eine Schlagschüssel aus Metall geben und über einem heißen Wasserbad mit einem Schneebesen aufschlagen. Die Masse soll cremig, aber nicht schaumig werden.

Creme fertigstellen
Nach und nach Zitrussäfte und Fruchtmark darunterrühren. Die Schüssel in eine größere, mit Eiswasser gefüllte Schüssel stellen und die Creme unter Rühren erkalten lassen. Zum Schluß geschlagene Sahne, Baiserstückchen und Pistazien darunterziehen.

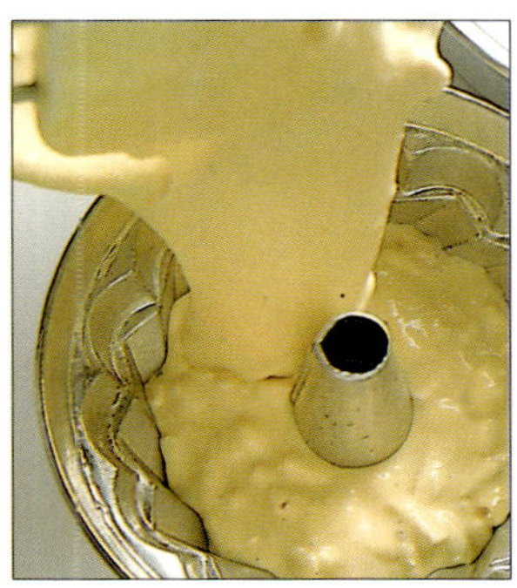

Creme einfüllen
Die Masse in eine Gugelhupfform oder eine andere beliebige Form von etwa 1,5 l Inhalt füllen. Die Oberfläche mit einem Teigschaber glattstreichen und die Form mit Klarsichtfolie zudecken. In 3 bis 4 Stunden gefrieren lassen.

Form stürzen
Die Form einige Sekunden in sehr heißes Wasser tauchen, bis das Eis am Rand etwas antaut. Dann eine Platte mit der Oberfläche nach unten auf die Form legen und beides rasch umdrehen. Etwas schütteln, damit sich das Eis an allen Stellen gut löst.

JOHANNISBEER-JOGHURT-PARFAIT

Für 4 Personen
Zubereitungszeit: 35 Minuten
Gefrierzeit: 2 bis 3 Stunden

- 250 g schwarze Johannisbeeren
- 40 g Puderzucker
- 300 g Vollmilchjoghurt
- 2 Eigelb
- 100 g Zucker
- 1/8 l Sahne

1. Johannisbeeren von den Rispen streifen, im Mixer kurz pürieren und durch ein Sieb passieren. Puderzucker und Joghurt unter das Mark rühren.

2. Eigelb und Zucker in einer Schlagschüssel über einem heißen Wasserbad cremig aufschlagen.

3. Die Masse unter Rühren erkalten lassen, dann die Fruchtmischung hinzufügen. Zum Schluß die Sahne steif schlagen und darunterziehen.

4. Die Masse in eine Form füllen und 2 bis 3 Stunden in das Tiefkühlgerät stellen.

Pro Person:
Kalorien (kcal) 360
Eiweiß (g) 6
Fett (g) 16
Kohlenhydrate (g) 46

NOUGAT-NUSS-PARFAIT

Für 6 Personen
Zubereitungszeit: 30 Minuten
Gefrierzeit: 3 bis 4 Stunden

- 40 g Zucker
- 200 g Nougatmasse
- 6 Eigelb
- 75 g gehackte Haselnüsse
- 2 EL Cognac oder Weinbrand
- 400 ml Sahne

1. Zucker und 2 EL Wasser sirupartig einkochen. Die Hälfte des Nougats in einem Topf schmelzen. Restliches Nougat gut gekühlt in Würfel schneiden.

2. Eigelb mit dem Sirup zu einer lockeren Creme aufschlagen. Das flüssige Nougat, die Haselnüsse und den Alkohol darunterrühren.

3. Die Sahne steif schlagen und zusammen mit den Nougatwürfeln unter die Creme ziehen.

4. Die Masse in eine Rehrückenform füllen und im Tiefkühlgerät 3 bis 4 Stunden gefrieren.

5. Nach Belieben mit gerösteten Mandelsplittern garnieren.

Pro Person:
Kalorien (kcal) 575
Eiweiß (g) 8
Fett (g) 43
Kohlenhydrate (g) 33

TEEPARFAIT

Für 4 Personen
Zubereitungszeit: 30 Minuten
Gefrierzeit: 2 bis 3 Stunden

2 EL aromatische Teeblätter,
z. B. Darjeeling
3 Eigelb
100 g brauner Zucker
2 EL flüssiger Honig
4 cl echter Rum
1/4 l Sahne

1. Teeblätter mit 1/8 l kochendem Wasser übergießen und etwa 5 Minuten ziehen lassen. Durch ein Sieb gießen und die Teeblätter ausdrücken.

2. Eigelb, Zucker und Honig in einer Schlagschüssel über einem heißen Wasserbad aufschlagen. Unter Rühren erkalten lassen, dann Tee und Rum dazugießen. Die Sahne steif schlagen und darunterziehen.

3. Die Masse in eine Kastenform von 1 l Inhalt füllen und im Tiefkühlgerät 2 bis 3 Stunden gefrieren lassen.

Variante: Das Parfait schmeckt auch sehr gut, wenn man den Tee durch 1/8 l sehr starken Mokka ersetzt.

Pro Person:
Kalorien (kcal) 400
Eiweiß (g) 4
Fett (g) 25
Kohlenhydrate (g) 33

KOKOSEIS

Für 4 Personen
Zubereitungszeit: 25 Minuten
Gefrierzeit: 2 bis 3 Stunden

1/2 Vanilleschote
100 ml Milch
3 Eigelb
60 g Zucker
100 g Kokoscreme
2 cl weißer Rum
500 ml Sahne

1. Die Vanilleschote der Länge nach aufschneiden und das Mark herausschaben. Die Schote und das Mark mit der Milch erhitzen.

2. Eigelb und Zucker in einer Schlagschüssel cremig aufschlagen. Vanilleschote aus der Milch nehmen und die heiße Milch unter die Eimasse rühren. Über einem heißen Wasserbad zu einer cremigen Masse aufschlagen.

3. Unter Rühren erkalten lassen, dann das Kokosmark und den Rum hinzufügen. Die Sahne steif schlagen und darunterziehen.

4. Die Masse in eine halbrunde Form füllen und 2 bis 3 Stunden im Tiefkühlgerät gefrieren lassen.

Pro Person:
Kalorien (kcal) 345
Eiweiß (g) 5
Fett (g) 26
Kohlenhydrate (g) 19

EISSOUFFLÉ PEDRO XIMÉNEZ

Für alle, die leichte, zartschmelzende Eisdesserts lieben und wenig Zeit zum Kochen haben, sind die nachfolgenden Rezepte besonders zu empfehlen. Die Grundmasse ist rasch zubereitet und kann zudem beliebig nach eigener Phantasie abgewandelt werden. Zur Anregung hier einige besonders empfehlenswerte Kreationen!

Für 4 Personen
Zubereitungszeit: 15 Minuten
Gefrierzeit: 2 bis 3 Stunden

- 1/4 l Sahne
- 2 Eiweiß
- 80 g Zucker
- 2 EL Crème double
- 4 cl Pedro Ximénez oder Cream Sherry
- 50 g geschälte gemahlene Mandeln
- 1 bis 2 EL Kakao, schwach entölt

1. Die Sahne steif schlagen. Die Eiweiß ebenfalls steif schlagen, dabei nach und nach den Zucker einrieseln lassen. Die Masse muß glänzend und schnittfest sein.
2. Sahne, Crème double, Sherry und die Mandeln mit einem Teigspachtel sorgfältig vermischen. Den Eischnee darunterheben.
3. Vier Soufflèförmchen mit Pergamentpapier umwickeln (siehe Seite 25).
4. Die Masse 2 cm über den Förmchenrand einfüllen und etwa 2 bis 3 Stunden in das Tiefkühlgerät stellen.
5. Die Förmchen mindestens 15 Minuten vor dem Servieren aus dem Tiefkühlgerät nehmen! Die Papiermanschetten entfernen und die Oberfläche dick mit Kakao bestäuben!

Pro Person:
Kalorien (kcal) 410
Eiweiß (g) 6
Fett (g) 29
Kohlenhydrate (g) 26

Pedro Ximénez ist zwar der typischste, aber auch der teuerste Süßwein aus Jerez: ein fast sirupartiger Wein, der intensiv nach Rosinen und Dörrpflaumen schmeckt. Vorwiegend wird er mit anderen Sherrytypen verschnitten, um diesen mehr Süße zu verleihen. Pur ist er nur etwas für Liebhaber! Zum Verfeinern von Desserts ist Pedro Ximénez unübertroffen. Jeder Andalusienbesucher wird sich mit Wonne an Mandeleis erinnern, das mit diesem Likörwein zubereitet wurde.

1

2

3

1. Walnuß-Honig-Parfait
Für die Grundmasse 1/4 l Sahne sowie 2 Eiweiß mit 40 g Zucker steif schlagen und mit 2 EL Crème double vermischen. 80 g Walnüsse grob hacken. 30 g Zucker in einer Kasserolle schmelzen, die Nüsse dazugeben und unter Rühren goldbraun karamelisieren. Abkühlen lassen und mit 1 EL dünnflüssigem Waldhonig unter die Grundmasse mischen. Vier Soufflèförmchen mit Pergamentpapier umwickeln (siehe Seite 25). Die Masse 2 cm über den Förmchenrand einfüllen und 2 bis 3 Stunden in das Tiefkühlgerät stellen. Papiermanschetten entfernen, das Soufflé mit Kakao und Puderzucker bestäuben und je einer Walnußhälfte und einem Zuckergespinst (siehe Seite 134) garnieren.

2. Eissoufflé mit kandierten Früchten
Für die Grundmasse 1/4 l Sahne sowie 2 Eiweiß mit 40 g Zucker steif schlagen und mit 2 EL Crème double vermischen. 50 g Orangeat in kleine Würfel schneiden und mit 2 cl Cointreau 15 Minuten marinieren. 50 g Pistazien hacken und mit dem Orangeat unter die Grundmasse mischen. Vier Soufflèförmchen mit Pergamentpapier umwickeln (siehe Seite 25). Die Masse 2 cm über den Förmchenrand einfüllen und 2 bis 3 Stunden in das Tiefkühlgerät stellen. Papiermanschetten entfernen, das Soufflé mit geschlagener Sahne und kandierten Früchten garnieren.

3. Schokoladen-Ingwer-Eissoufflé
Für die Grundmasse 1/4 l Sahne sowie 2 Eiweiß mit 40 g Zucker steif schlagen und mit 2 EL Crème double vermischen. 60 g Kuvertüre über einem heißen Wasserbad schmelzen, leicht abkühlen lassen und mit 1 EL schwach entöltem Kakaopulver sowie 1 EL feingeriebener Ingwerwurzel unter die Grundmasse mischen. Vier Soufflèförmchen mit Pergamentpapier umwickeln (siehe Seite 25). Die Masse 2 cm über den Förmchenrand einfüllen und 2 bis 3 Stunden in das Tiefkühlgerät stellen. Papiermanschetten entfernen, das Soufflé dick mit Schokoladenspänen garnieren und leicht mit Puderzucker bestäuben.

OMELETTE SURPRISE

Lassen Sie sich gerne überraschen? Wenn ja, ist dieses Omelett genau das Richtige für Sie! Dieser traditionelle Klassiker unter den Eisdesserts ist immer wieder – vor allem flambiert – der krönende Abschluß eines festlichen Menüs. Das Originalrezept wird mit Fürst Pückler Eis zubereitet. Sie können ihre Gäste aber auch mit einer anderen Eisfüllung verwöhnen!

Für 4 Personen
Zubereitungszeit: 40 Minuten

Für den Biskuit:
2 Eigelb
60 g Zucker
2 Eiweiß
30 g Speisestärke, z. B. Mondamin
30 g Mehl
2 EL Mandelblättchen
Für das Baiser:
3 Eiweiß
150 g Zucker
2 EL Vanillezucker
Außerdem:
4 cl Zwetschgenwasser
500 ml Pflaumeneis

1. Den Backofen auf 180° C vorheizen. Aus den angegebenen Zutaten einen Biskuitteig zubereiten und dünn auf ein mit Backpapier ausgelegtes Backblech streichen. Die Teigfläche muß so groß sein, daß das Eis später damit umhüllt werden kann.
2. Den Teig mit Mandelblättchen bestreuen. In etwa 6 bis 8 Minuten goldgelb backen. Den Biskuit aus dem Ofen nehmen und abkühlen lassen. Den Backofen auf 250° C und Oberhitze stellen.
3. Eiweiß schaumig schlagen und nach und nach den Zucker einrieseln lassen. So lange schlagen, bis die Masse glänzend und schnittfest ist.
4. Den Biskuit mit Zwetschgenwasser beträufeln, das Eis in die Mitte legen und mit dem Biskuit umhüllen. Die Teigkanten zusammendrücken.
5. Mit den Schnittflächen nach unten auf eine feuerfeste Platte legen. Die Baisermasse in einen Spritzbeutel mit großer Sterntülle füllen und wellenförmig auf den Biskuit aufspritzen.
6. Das Omelett auf der mittleren Schiene des Backofens in 3 bis 5 Minuten goldgelb überbacken.
7. Das Omelett in 2 bis 3 cm dicke Scheiben schneiden und sofort servieren.

Pro Person:
Kalorien (kcal) 666
Eiweiß (g) 12
Fett (g) 22
Kohlenhydrate (g) 96

• Als besondere Überraschung kann man das Omelett nach dem Überbacken sofort mit heißem Zwetschgenwasser begießen und flambieren.
• Wenn es sehr schnell gehen soll, das Eis mit weichen Löffelbiskuits umhüllen, dann mit Baisermasse bestreichen und überbacken.

GEBACKENE EISKUGELN

Kontraste sind immer reizvoll, ganz besonders wenn heiß und kalt miteinander kokettieren! Dieses raffinierte Dessert kann man außerdem in aller Ruhe vorbereiten, dann in einen Kälteschlaf versetzen und erst bei Bedarf im heißen Fett erwachen lassen.

Für 4 Personen
Zubereitungszeit: 1 Stunde

Für den Biskuit:
3 Eigelb, 80 g Zucker
3 Eiweiß
30 g Speisestärke, z. B. Mondamin
20 g Mehl
10 g Kakaopulver, stark entölt

Außerdem:
6 große Kugeln Vanilleeis
2 Eier
100 g Haselnußblättchen
Keimöl zum Fritieren

1. Den Backofen auf 180° C vorheizen. Aus den angegebenen Zutaten einen Biskuitteig zubereiten und möglichst dünn auf ein mit Backpapier ausgelegtes Backblech streichen. Etwa 6 bis 8 Minuten backen. Der Biskuit darf auf keinen Fall trocken und brüchig werden!

2. Biskuit ein wenig abkühlen lassen. Dann mit einem Ausstecher 12 ausreichend große Kreise ausstechen, die Eiskugeln müssen damit umhüllt werden.

3. Die Eiskugeln jeweils auf einen Biskuitkreis legen und mit einem zweiten bedecken. Teigränder mit beiden Händen fest zusammendrücken und wie einen Knödel gleichmäßig rund formen.

4. Eier verquirlen. Die Kugeln erst darin, dann in den Nußblättchen wenden. Die Panade festdrücken und die Bällchen nebeneinander auf eine Platte legen. Zudecken und in das Tiefkühlgerät stellen.

5. Öl in einer Friteuse erhitzen. Die Kugeln darin in wenigen Minuten goldbraun und knusprig backen. Mit einem Schaumlöffel herausheben, auf Küchenpapier abtropfen lassen und sofort servieren.

Pro Person:
Kalorien (kcal) 384
Eiweiß (g) 11
Fett (g) 20
Kohlenhydrate (g) 38

• Probieren Sie auch folgende raffinierte Variationen:
– Erdbeereis mit hellem Biskuit umhüllen und mit Mandelblättchen panieren
– Ananas- oder Mangoeis mit Schokobiskuit umhüllen und mit Kokosflocken panieren
– Schokoladen- oder Mokkaeis mit hellem Biskuit umhüllen und mit gehackten Walnüssen panieren
• Eine Mangofruchtsauce oder Himbeermark passen gut dazu!

KIWISORBET

Früher als Wassereis kaum beachtet, heute das Tüpfelchen auf dem »i«: das Sorbet. In einer elektrischen Eismaschine oder einer Sorbetiere gelingt das Sorbet nicht nur am besten, es geht auch am schnellsten. Die Anschaffung einer Eismaschine lohnt sich jedoch nur, wenn man ein Liebhaber eisiger Desserts ist und Sorbets oder Eis oft selbst zubereitet!

Für 4 bis 6 Personen
Zubereitungszeit: 15 Minuten
Gefrierzeit: 15 Minuten bis 2 Stunden

- 100 g Zucker
- 5 Kiwis (etwa 400 g Fruchtfleisch)
- Saft und Schale von 1 Limette
- 2 cl Kiwilikör
- 1/8 l Weißwein, halbtrocken
- 1 Eiweiß

1. Den Zucker mit 4 EL Wasser sirupartig einkochen, dann abkühlen lassen.

2. Die Kiwis schälen und im Mixer pürieren. Zwei Drittel des Fruchtpürees durch ein Sieb passieren, damit das Sorbet nicht zu viele schwarze Kerne enthält.

3. Den Zuckersirup mit dem Kiwipüree, Limettensaft und -schale, Likör und Wein vermischen.

4. Das Eiweiß steif schlagen und gleichmäßig darunterziehen. Die Fruchtmasse in einer Eismaschine oder in einer flachen Metallform im Tiefkühlgerät unter gelegentlichem Rühren gefrieren lassen.

5. Vor dem Servieren das Sorbet leicht antauen lassen, mit einem Eßlöffel Nocken abstechen und auf Tellern anrichten.

Pro Person:
Kalorien (kcal) 150
Eiweiß (g) 1
Fett (g) 0
Kohlenhydrate (g) 30

Sorbet vorbereiten
Zucker und Wasser sirupartig einkochen. Abgekühlt mit Fruchtpüree, Zitrussaft und -schale, Likör und Wein vermischen. Den Eischnee darunterziehen.

Sorbet gefrieren
Die Masse in einer elektrischen Eismaschine cremig gefrieren lassen oder in einer Metallform im Tiefkühlgerät und unter gelegentlichem Rühren gefrieren lassen.

Sorbet anrichten
Kurz vor dem Servieren das Sorbet leicht antauen lassen. Mit einem Eßlöffel Nocken abstechen und auf Tellern oder in Glasschalen anrichten.

Läßt man die Masse in einer Metallform gefrieren, bilden sich durch den relativ geringen Zuckergehalt kleine Kristalle. Das Dessert heißt jetzt allerdings nicht mehr Sorbet, sondern Granité. Es erinnert an gestoßenes Eis. Die Körnung des Granités kann man durch die Häufigkeit des Durchrührens variieren.

ZITRUSSORBET MIT CAMPARI

Für 4 Personen
Zubereitungszeit: 15 Minuten
Gefrierzeit: 30 Minuten bis 2 Stunden

150 g Zucker
1/8 l frisch gepreßter Orangensaft
1/8 l frisch gepreßter Saft von rosa Grapefruits
100 ml Weißwein, halbtrocken
8 cl Campari
1 Eiweiß

1. Den Zucker mit 5 EL Wasser sirupartig einkochen, dann abkühlen lassen.

2. Orangen- und Grapefruitsaft durch ein Sieb zu dem Sirup gießen, mit Wein und Campari verrühren. Eiweiß steif schlagen und darunterziehen.

3. In einer Eismaschine oder in einer flachen Metallform unter gelegentlichem Rühren im Tiefkühlgerät gefrieren lassen.

4. Mit einem Eßlöffel Nocken abstechen und auf Zitronengelee (siehe Seite 57) anrichten. Mit Konfetti von Zitrusschalen garnieren.

Pro Person:
Kalorien (kcal) 234
Eiweiß (g) 1
Fett (g) 0
Kohlenhydrate (g) 48

APFELSORBET

Für 4 Personen
Zubereitungszeit: 20 Minuten
Gefrierzeit: 20 Minuten bis 2 Stunden

120 g Zucker
1/8 l Apfelsaft oder Cidre
800 g aromatische Äpfel
Saft von 1 Zitrone
4 cl Calvados
1 Eiweiß

1. Zucker und Apfelsaft oder Cidre kurz aufkochen lassen.

2. Äpfel schälen, halbieren, entkernen und kleinschneiden. In der Zuckerlösung weich kochen, bis sie zerfallen.

3. Die Äpfel durch ein Sieb passieren und mit Zitronensaft und Calvados abschmecken. Eiweiß halbsteif schlagen und darunterziehen.

4. In einer Eismaschine oder in einer flachen Metallform unter gelegentlichem Rühren im Tiefkühlgerät gefrieren lassen.

5. Mit einem Eßlöffel Nocken abstechen oder das Sorbet in fritierte Apfelhüllen füllen und auf Tellern anrichten.

Pro Person:
Kalorien (kcal) 270
Eiweiß (g) 2
Fett (g) 0
Kohlenhydrate (g) 58

SAUERKIRSCHSORBET

Für 4 Personen
Zubereitungszeit: 20 Minuten
Marinierzeit: 2 Stunden
Gefrierzeit: 15 Minuten bis 2 Stunden

- 500 g entsteinte Sauerkirschen
- 100 g Zucker
- 2 cl Kirschlikör
- 2 cl Portwein

1. Die Sauerkirschen in eine Schüssel geben. Mit dem Zucker bestreuen, dem Likör beträufeln und 2 Stunden marinieren.
2. Die Kirschen mitsamt dem entstandenen Saft im Mixer pürieren und durch ein nicht zu feines Sieb passieren. Den Portwein darunterrühren.
3. In einer Eismaschine oder einer flachen Metallform unter gelegentlichem Rühren im Tiefkühlgerät gefrieren lassen.

Pro Person:
Kalorien (kcal) 186
Eiweiß (g) 1
Fett (g) 0
Kohlenhydrate (g) 40

APRIKOSENSORBET

Für 4 Personen
Zubereitungszeit: 20 Minuten
Gefrierzeit: 15 Minuten bis 2 Stunden

- 100 g Zucker
- 500 g reife, sehr weiche Aprikosen
- 4 cl Aprikosengeist
- 1 TL feingehackter Zitronenthymian oder Zitronenmelisse
- 1 Eiweiß

1. Den Zucker mit 1/8 l Wasser zum Kochen bringen. Die Aprikosen halbieren, entsteinen und in dem Zuckersirup weich kochen, bis sie zerfallen.
2. Im Mixer pürieren, durch ein feines Sieb passieren und Aprikosengeist sowie Zitronenthymian (ersatzweise Zitronenmelisse) daruntermischen. Eiweiß halbsteif schlagen und darunterziehen.
3. In einer Eismaschine oder einer flachen Metallform unter gelegentlichem Rühren im Tiefkühlgerät gefrieren lassen.

Pro Person:
Kalorien (kcal) 184
Eiweiß (g) 2
Fett (g) 0
Kohlenhydrate (g) 37

PREISELBEERSORBET

Für 4 Personen
Zubereitungszeit: 15 Minuten
Gefrierzeit: 15 Minuten bis 2 Stunden

- 100 g Zucker
- 3 EL Preiselbeerkonfitüre
- 1/8 l Preiselbeersirup
- 1/8 l gehaltvoller Rotwein
- etwas abgeriebene unbehandelte Orangenschale
- 1 Eiweiß

1. 80 g Zucker mit 2 EL Wasser siruparig einkochen. Die Preiselbeerkonfitüre durch ein Sieb passieren und mit Zuckersirup, Preiselbeersirup, Rotwein und Orangenschale vermischen.
2. Eiweiß mit dem restlichen Zucker halbsteif schlagen und darunterziehen.
3. In einer Eismaschine oder einer flachen Metallform unter gelegentlichem Rühren im Tiefkühlgerät gefrieren lassen.

Pro Person:
Kalorien (kcal) 178
Eiweiß (g) 1
Fett (g) 0
Kohlenhydrate (g) 37

MARACUJASORBET

Für 4 Personen
Zubereitungszeit: 10 Minuten
Gefrierzeit: 20 Minuten bis 2 Stunden

- 20 g Zucker
- 1/4 l Maracujasirup
- 4 cl Maracujalikör
- 1/8 l Kokosmilch aus der Dose
- 1 Eiweiß

1. Den Zucker mit 2 EL Wasser sirupartig einkochen. Mit Maracujasirup, Likör und Kokosmilch verrühren. Eiweiß halbsteif schlagen und darunterrühren.
2. In einer Eismaschine oder einer flachen Metallform unter gelegentlichem Rühren im Tiefkühlgerät gefrieren lassen.

Pro Person:
Kalorien (kcal) 266
Eiweiß (g) 1
Fett (g) 0
Kohlenhydrate (g) 60

SOUFFLÉS, LEICHTES GEBÄCK UND STRUDEL

Ob luftiges Orangensoufflé, Salzburger Nockerln oder Heidelbeerpie – im Backofen lassen sich herrliche Desserts zaubern!

ORANGENSOUFFLÉ

Soufflé, das ist eine Art Auflauf, allerdings wesentlich luftiger und zarter. Viele scheuen sich, Soufflés zuzubereiten, aus Angst, das zarte Gebilde fällt zusammen, ehe es auf den Tisch kommt. Dabei ist die Herstellung nicht schwierig, wenn man zwei Dinge beherzigt: Das sehr steif geschlagene Eiweiß erst kurz, bevor das Soufflé in den Ofen kommt, vorsichtig unter den Teig heben. Und: Der Gast wartet auf das Soufflé, und nicht umgekehrt!

Für 4 Personen
Zubereitungszeit: 50 Minuten

Für den Teig:
- 30 g kandierte Orangenscheiben
- 2 cl Grand Marnier
- 1/2 unbehandelte Orange
- 40 g Zucker
- 1/8 l Milch
- 20 g Butter
- 20 g Mehl
- 3 Eiweiß
- 2 Eigelb

Außerdem:
- etwas Butter
- 1 EL Vanillezucker
- Puderzucker zum Bestäuben

1. Die Orangenscheiben in sehr kleine Würfel schneiden, mit Orangenlikör begießen und mindestens 15 Minuten marinieren.
2. Die Orange heiß waschen und abtrocknen. Mit einem Zestenreißer die Schale abziehen und mit 20 g Zucker in der Milch erhitzen.
3. Vier Souffléförmchen von 1/8 l Inhalt mit Butter ausfetten und Vanillezucker ausstreuen. Den Backofen auf 200° C vorheizen. Einen großen flachen Topf zweifingerbreit mit Wasser füllen und auf die mittlere Schiene des Backofens stellen.
4. Die Butter in einer Kasserolle zerlassen und das Mehl darunterrühren. Mit der Orangenmilch ablöschen. Unter Rühren einmal aufkochen lassen und sofort 1 Eiweiß darunterrühren.
5. Ein wenig abkühlen lassen, dann die Eigelb sowie die marinierten Orangenwürfel mitsamt der Flüssigkeit gleichmäßig daruntermischen.
6. Das restliche Eiweiß mit 20 g Zucker zu steifem Schnee schlagen und unter den Teig ziehen.
7. Die Masse bis etwa 1 cm unter den Rand in die Förmchen füllen.
8. Im Wasserbad etwa 15 bis 20 Minuten garen. Sofort mit Puderzucker bestäuben und servieren.

Pro Person:
Kalorien (kcal) 190
Eiweiß (g) 7
Fett (g) 9
Kohlenhydrate (g) 17

Das Eiweiß unbedingt mit dem Zucker steif schlagen! Der Eischnee wird auf diese Weise zwar nicht so locker und schaumig, dafür aber widerstandsfähiger. Ideal also für die Zubereitung von Soufflés, da diese dann nicht so schnell zusammenfallen.

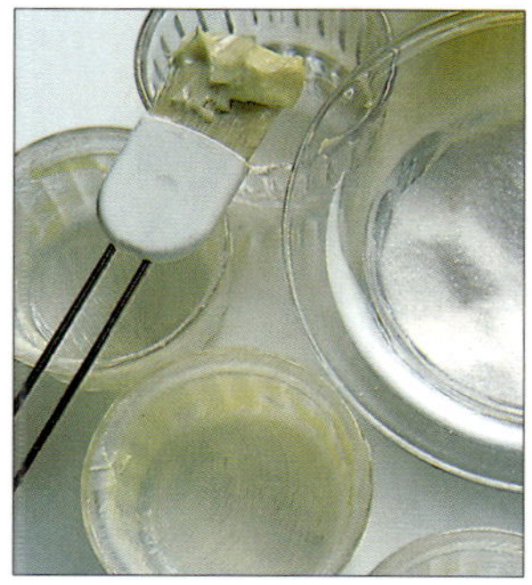

Förmchen vorbereiten
Die Soufflέförmchen mit Butter ausfetten und mit Vanillezucker ausstreuen. Den Backofen auf 200° C vorheizen. Einen flachen großen Topf zweifingerbreit mit Wasser füllen und auf die mittlere Schiene des Backofens stellen.

Mehlschwitze zubereiten
Butter in einer Kasserolle bei schwacher Hitze zerlassen. Mehl einrühren und aufschäumen lassen. Mit der heißen Orangenmilch ablöschen und unter Rühren einmal aufkochen lassen. Sofort 1 Eiweiß darunterrühren.

Eigelb darunterrühren
Die Masse etwas abkühlen lassen. Nach und nach die Eigelb darunterrühren. Dann die marinierten Orangenwürfel mitsamt Alkohol hinzufügen.

Eiweiß steif schlagen
Das restliche Eiweiß in eine fettfreie Schlagschüssel geben, den Zucker hinzufügen und mit einem Schneebesen oder dem Handrührgerät auf der niedrigsten Stufe cremig und steif schlagen.

Eischnee unterziehen
Ein Drittel des Eischnees darunterrühren, den Rest mit einem Teigschaber oder Kochlöffel vorsichtig darunterziehen. Die Masse sofort bis 1 cm unter den Rand in die Förmchen füllen.

SCHOKOLADENSOUFFLÉ

Für 4 Personen
Zubereitungszeit: 50 Minuten

1/8 l Milch
50 g Zartbitterschokolade
20 g Butter
20 g Mehl
2 cl Kaffeelikör
1 TL Instant-Kaffeepulver
3 Eiweiß
2 Eigelb
Fett und Vanillezucker für die Förmchen

1. Den Backofen auf 200° C vorheizen.
2. Die Milch erhitzen, Schokolade in Stücke brechen und in der Milch schmelzen.
3. Butter zerlassen, das Mehl darunterrühren und mit der Schokoladenmilch ablöschen. Likör und Kaffeepulver dazugeben. Die Masse unter Rühren einmal aufkochen lassen. Sofort 1 Eiweiß darunterrühren, abkühlen lassen.
4. Nach und nach die Eigelb darunterrühren. Restliches Eiweiß steif schlagen und darunterziehen.
5. Förmchen ausfetten und mit Vanillezucker ausstreuen. Die Masse einfüllen, im Wasserbad 15 bis 20 Minuten garen.

Pro Person:
Kalorien (kcal) 215
Eiweiß (g) 7
Fett (g) 13
Kohlenhydrate (g) 14

WALNUSSSOUFFLÉ

Für 4 Personen
Zubereitungszeit: 45 Minuten

1/8 l Milch
Mark von 1/2 Vanilleschote
20 g Butter
20 g Mehl
3 Eiweiß
40 g gehackte Walnüsse
2 Eigelb
Fett und Vanillezucker für die Förmchen

1. Den Backofen auf 200° C vorheizen.
2. Die Milch mit dem Vanillemark erhitzen.
3. Butter zerlassen, das Mehl darunterrühren und mit der Milch ablöschen. Die Masse unter Rühren einmal aufkochen lassen. Sofort 1 Eiweiß darunterrühren, die Walnüsse hinzufügen, abkühlen lassen.
4. Nach und nach die Eigelb darunterrühren. Restliches Eiweiß steif schlagen und darunterziehen.
5. Förmchen ausfetten und mit Vanillezucker ausstreuen. Die Masse einfüllen, im Wasserbad 15 bis 20 Minuten garen.

Pro Person:
Kalorien (kcal) 200
Eiweiß (g) 8
Fett (g) 15
Kohlenhydrate (g) 7

PHYSALISSOUFFLÉ

Für 4 Personen
Zubereitungszeit: 50 Minuten

- 60 g Butter, 60 g Zucker
- Schale und Saft von 1/2 Limette
- 2 cl weißer Rum
- 2 Eigelb
- 30 g gemahlene Mandeln
- 30 g Zwiebackbrösel
- 20 g Mehl
- 2 Eiweiß
- Fett und Vanillezucker für die Förmchen
- 200 g Physalis (Kapstachelbeeren)

1. Den Backofen auf 200° C vorheizen.
2. Butter, Zucker, Limettenschale, -saft und Rum schaumig rühren. Nach und nach die Eigelb hinzufügen.
3. Mandeln, Zwiebackbrösel und Mehl darunterrühren. Das Eiweiß steif schlagen und vorsichtig darunterziehen.
4. Förmchen ausfetten und mit Vanillezucker ausstreuen. Die Masse einfüllen.
5. Die papierähnlichen Hüllen der Physalis entfernen und die Früchte auf dem Soufflé verteilen. In etwa 20 Minuten im Wasserbad garen.

Pro Person:
Kalorien (kcal) 350
Eiweiß (g) 7
Fett (g) 20
Kohlenhydrate (g) 30

QUARKSOUFFLÉ

Für 4 Personen
Zubereitungszeit: 45 Minuten

- 2 Eigelb
- 80 g Zucker
- Mark von 1/2 Vanilleschote
- abgeriebene Schale von 1/2 unbehandelten Zitrone
- 125 g Magerquark
- 125 g Mascarpone
- 20 g Speisestärke, z. B. Mondamin
- 2 Eiweiß
- Fett und Vanillezucker für die Förmchen

1. Den Backofen auf 200° C vorheizen.
2. Eigelb, 60 g Zucker, Vanillemark und die Zitronenschale schaumig rühren.
3. Magerquark, Mascarpone und Speisestärke hinzufügen und zu einer glatten Creme verrühren.
4. Eiweiß mit dem restlichen Zucker steif schlagen und darunterziehen.
5. Förmchen ausfetten und mit Vanillezucker ausstreuen. Die Masse einfüllen, im Wasserbad 15 bis 20 Minuten garen.
6. Mit einer Fruchtsauce oder einem Kompott servieren.

Pro Person:
Kalorien (kcal) 275
Eiweiß (g) 11
Fett (g) 13
Kohlenhydrate (g) 26

SALZBURGER NOCKERLN

Dietrich von Raitenau, zu Beginn des 17. Jahrhunderts Erzbischof von Salzburg, liebte lockere und zarte Mehlspeisen über alles. Ihm zu Ehren wurden die schaumigen Nockerln erfunden, die mittlerweile untrennbar mit Salzburg verbunden sind. Die Zubereitung ist eigentlich sehr einfach, dennoch sollte man unbedingt auf die richtige Backtemperatur achten und Zugluft beim Servieren vermeiden.

Für 4 Personen
Zubereitungszeit: 30 Minuten

- 5 Eiweiß
- 40 g Puderzucker
- 4 Eigelb
- Mark von 1/2 Vanilleschote
- 20 g Mehl
- 10 g Speisestärke, z. B. Mondamin
- 30 g Butter
- 2 EL Vanillezucker
- Puderzucker zum Bestreuen

1. Den Backofen auf 200° C vorheizen.
2. Das Eiweiß in einer großen fettfreien Schlagschüssel steif schlagen, dabei nach und nach 20 g Puderzucker hinzugeben. Die Baisermasse so lange schlagen, bis sie glänzend und schnittfest ist.
3. Eigelb mit dem restlichen Puderzucker und Vanillemark verrühren und 3 EL Baisermasse darunterschlagen.
4. Die restliche Baisermasse daraufhäufen, Mehl und Stärke darübersieben und alles mit einem Teigspachtel vorsichtig darunterheben.
5. Eine ovale Auflaufform mit Butter ausstreichen und mit Vanillezucker ausstreuen.
6. Mit Hilfe des Teigschabers aus der Masse vier große Nocken formen und in die Auflaufform setzen.
7. Die Nockerln auf der mittleren Schiene des Backofens in etwa 10 Minuten goldbraun backen.
8. Aus dem Ofen nehmen, mit Puderzucker bestäuben und sofort vorsichtig servieren.

Pro Person:
Kalorien (kcal) 245
Eiweiß (g) 9
Fett (g) 13
Kohlenhydrate (g) 21

• Man kann die Nockerln auch in etwa 1/8 l heiße, mit Vanille aromatisierte Milch setzen und darin garen.
• Sehr gut schmecken die Nockerln ebenfalls, wenn man den Boden der Form mit gehackten Mandeln ausstreut oder mit gezuckerten Beerenfrüchten auslegt, die Nockerln daraufsetzt und wie oben beschrieben bäckt.

CLAFOUTIS

Dieser aus Frankreich stammende rustikale Auflauf wird nach dem Originalrezept mit vollreifen Kirschen zubereitet. Man kann ihn jedoch – je nach Saison – statt mit Kirschen auch mit Mirabellen oder Zwetschgen belegen. In der Normandie schwört man auf Clafoutis mit Äpfeln!

Für 4 bis 6 Personen
Zubereitungszeit: 1 Stunde 10 Minuten

- 500 g dunkle Herzkirschen
- 2 cl Kirschwasser

Für den Teig:

- 3 Eigelb
- 50 g Zucker
- 1 EL Vanillezucker
- 25 g Mehl
- 25 g Speisestärke, z. B. Mondamin
- 1/8 l Milch
- 2 EL Crème fraîche
- 3 Eiweiß

Außerdem:

- Fett für die Form
- 2 EL Mandelstifte
- etwas Puderzucker

1. Die Kirschen entsteinen, mit Kirschwasser beträufeln und zugedeckt etwa 15 Minuten marinieren.
2. Den Backofen auf 200° C vorheizen.
3. Eigelb, Zucker und Vanillezucker mit einem Schneebesen schaumig schlagen. Abwechselnd Mehl, Speisestärke, Milch und Crème fraîche unter die Schaummasse rühren.
4. Eiweiß steif schlagen und die Hälfte davon darunterrühren, den Rest vorsichtig darunterheben.
5. Eine halbhohe Auflaufform mit Fett ausstreichen und den Teig einfüllen. Die Kirschen darauf verteilen, mit Mandelstiften bestreuen und auf der mittleren Schiene des Backofens in etwa 40 Minuten goldbraun backen.
6. Aus dem Ofen nehmen, mit Puderzucker bestäuben und noch warm servieren.

Pro Person:
Kalorien (kcal) 260
Eiweiß (g) 7
Fett (g) 9
Kohlenhydrate (g) 34

• Wenn Kinder mitessen, verzichten Sie auf das Marinieren der Kirschen.
• Abgekühlt ist der Clafoutis zwar nicht mehr so locker, schmeckt aber trotzdem vorzüglich.

HIPPENBLÄTTER

Knuspriges und dennoch auf der Zunge zergehendes Hippengebäck ist zwar rasch zubereitet, man benötigt dabei allerdings etwas Fingerspitzengefühl. Mit der Schritt-für-Schritt-Anleitung schaffen Sie es jedoch ganz leicht! Die angegebene Menge ergibt, je nach Größe des Durchmessers, etwa 16 Blätter.

Für 8 Personen
Zubereitungszeit: 30 Minuten
Ruhezeit: 1 Stunde

- 200 g Marzipanrohmasse
- 120 g Zucker
- Mark von 1/4 Vanilleschote
- 1 Ei
- 100 ml Milch
- 80 g Mehl
- Fett und Mehl für das Blech

1. Den Backofen auf 190° C vorheizen. Das Backblech in das Tiefkühlgerät legen.
2. Marzipan, Zucker, Vanillemark, Ei und Milch mit einem Schneebesen verrühren. Das Mehl sieben und nach und nach darunterrühren. Den Teig durch ein feines Sieb passieren und 1 Stunde ruhen lassen.
3. Das Backblech einfetten und mit Mehl bestäuben.
4. Mit Hilfe einer Schablone aus Pappe oder Plastik den Teig mit einer Palette gleichmäßig und sehr dünn auf das Blech streichen. Danach die Schablone abnehmen.
5. Im Backofen in 5 bis 8 Minuten backen. Die Ränder sollen goldbraun, das Innere noch hell sein.
6. Backblech zur Hälfte aus dem Ofen ziehen. Die Hippenblätter sofort mit einer Palette vom Blech lösen, mit den vorderen Blättern beginnen.
7. Hippenblätter noch warm sofort in eine beliebige Form (z. B. Briocheförmchen) drücken. Nach etwa 1 Minute wieder aus der Form nehmen und abkühlen lassen.

Pro Person:
Kalorien (kcal) 260
Eiweiß (g) 4
Fett (g) 11
Kohlenhydrate (g) 35

Teig zubereiten
Alle Zutaten bis auf das Mehl mit den Schneebesen eines Handrührgerätes verrühren. Mehl sieben und darunterrühren. Den Teig durch ein Sieb passieren und ruhen lassen.

Teig aufstreichen
Backblech einfetten und mit Mehl bestäuben. Mit Hilfe einer Schablone den Teig gleichmäßig und dünn auf das Blech streichen. Danach die Schablone abnehmen.

Blüten formen
Backblech zur Hälfte aus dem Ofen ziehen und die Kreise mit einer Palette ablösen. Sofort in Förmchen drücken! Herausnehmen und abkühlen lassen. Rasch arbeiten!

• Der Teig muß unbedingt gleichmäßig aufgestrichen werden, da die Hippen sonst unterschiedlich bräunen.
• Man kann auch Schablonen in unterschiedlichen Formen, z. B. Blüten oder Blätter, zuschneiden.

TORTELETTS

Ob mit frischen Früchten oder einer zarten Creme gefüllt, knusprige Torteletts sind immer wieder ein begehrtes Dessert. Backen Sie am besten gleich die doppelte Menge! In Blechdosen aufbewahrt, bleibt das Gebäck mehrere Wochen frisch.

Für 8 Personen
Zubereitungszeit: 35 Minuten
Kühlzeit: 4 bis 5 Stunden

Für den Mürbeteig:
300 g Mehl
1 Prise Salz
50 g Zucker
200 g eiskalte Butter
Außerdem:
Fett für die Förmchen
Hülsenfrüchte zum Blindbacken

1. Mehl, Salz und Zucker auf ein Backbrett häufen. In die Mitte eine Mulde drücken und 6 bis 8 EL Eiswasser hineingeben. Die Butter in Flöckchen schneiden und auf den Mehlrand setzen. Mit einem breiten Messerrücken oder einer Palette alles rasch hacken.
2. Mit gekühlten Händen alles schnell von außen nach innen zu einem glatten Teig verkneten. Die Hände dazu vorher unter kaltes Wasser halten.
3. Den Teig mit Klarsichtfolie umhüllen und für mehrere Stunden in den Kühlschrank legen.
4. Den Backofen auf 200° C vorheizen. Den Teig etwa 3 mm dünn ausrollen. Formen ausfetten und mit dem Teig auskleiden. Erneut mindestens 30 Minuten in den Kühlschrank stellen.
5. Pergamentpapier in der Größe der Formen zuschneiden, auf den Teig legen und Hülsenfrüchte daraufstreuen.
6. Im Backofen in 15 Minuten blindbacken. Hülsenfrüchte und Papier entfernen. Auf einem Kuchengitter abkühlen lassen und die Torteletts aus den Formen lösen.

Pro Person:
Kalorien (kcal) 350
Eiweiß (g) 4
Fett (g) 21
Kohlenhydrate (g) 34

• Mit dem Teig können Sie beliebige Formen, wie z. B. Schiffchen, Spring- oder Tarteformen, auskleiden.
• Die Torteletts mit Konditor-Creme füllen und mit frischen Beerenfrüchten oder kleingeschnittenen exotischen Früchten belegen.
• Überziehen Sie die Früchte mit einem Tortenguß. Dieser verleiht den Früchten ein besonders frisches Aussehen und schützt vor Austrocknung!

APFELTARTE

Für 4 bis 6 Personen
Zubereitungszeit: 1 Stunde
Kühlzeit: 4 bis 5 Stunden

Für den Mürbeteig:
150 g Mehl, 1 Prise Salz
25 g Zucker
3 bis 5 EL Eiswasser
100 g eiskalte Butter
Außerdem:
Fett für die Form
500 g aromatische Äpfel, z. B. Boskop
2 EL Aprikosenkonfitüre
2 cl Calvados

1. Aus den angegebenen Zutaten einen Mürbeteig zubereiten (siehe Seite 93), kalt stellen.
2. Den Backofen auf 250° C vorheizen.
3. Eine Spring- oder Tarteform (20 cm Durchmesser) ausfetten. Den Teig ausrollen und die Form damit auskleiden.
4. Die Äpfel schälen, entkernen, in Spalten schneiden und sternförmig auf dem Teig anordnen. Die Tarte 15 bis 20 Minuten backen.
5. Konfitüre und Calvados verrühren, erhitzen und die Äpfel damit glacieren. Die Tarte lauwarm servieren.

Pro Person:
Kalorien (kcal) 362
Eiweiß (g) 4
Fett (g) 17
Kohlenhydrate (g) 44

ZITRONENTARTE

Für 8 Personen
Zubereitungszeit: 50 Minuten
Kühlzeit: 3 bis 4 Stunden

Für den Mürbeteig:
200 g Mehl
1 Prise Salz
80 g Zucker
1 Ei
150 g Butter
Außerdem:
Fett für die Form
Hülsenfrüchte zum Blindbacken
3 Eier
150 g Zucker
Schale und Saft von 2 unbehandelten Zitronen
150 g flüssige Butter

1. Aus den angegebenen Zutaten einen Mürbeteig zubereiten (siehe Seite 93), kalt stellen.
2. Den Backofen auf 200° C vorheizen.
3. Eine Spring- oder Tarteform (26 cm Durchmesser) ausfetten. Den Teig dünn ausrollen und den Boden der Form und etwa 3 bis 4 cm vom Rand mit dem Teig auskleiden.
4. Pergamentpapier in der Größe der Form zuschneiden, auf den Teig legen und mit Hülsenfrüchten bedeckt etwa 15 Minuten blindbacken.
5. Papier und Hülsenfrüchte entfernen. Eier, Zucker, abgeriebene Zitronenschale und -saft sowie die Butter rasch verrühren und die Mischung auf den Teig gießen.
6. Tarte etwa 45 Minuten bei 120° C backen und lauwarm servieren.

Pro Person:
Kalorien (kcal) 540
Eiweiß (g) 7
Fett (g) 35
Kohlenhydrate (g) 48

APRIKOSENTÖRTCHEN

Für 6 Personen
Zubereitungszeit: 30 Minuten

250 g Tiefkühl-Blätterteig
etwa 400 g große Aprikosen
3 EL Aprikosenkonfitüre
2 cl Aprikosengeist
25 g gehackte Pistazienkerne

1. Blätterteig auftauen lassen. Etwa 3 mm dick ausrollen und sechs Kreise von 12 cm Durchmesser ausschneiden.
2. Ein Backblech mit Backpapier auslegen. Die Teigkreise auf das Blech legen. Backofen auf 220° C vorheizen.
3. Die Aprikosen halbieren, entsteinen, in Spalten schneiden und sternförmig auf dem Teig anordnen. Die Törtchen in 10 bis 15 Minuten goldbraun backen.
4. Konfitüre und Alkohol verrühren, erhitzen und die Aprikosen damit glacieren. Den Rand mit Pistazien bestreuen.
5. Sehr gut schmeckt die Tarte auch mit geschlagener Sahne oder wenn man sie mit Spätzwetschgen bäckt.

Pro Person:
Kalorien (kcal) 270
Eiweiß (g) 3
Fett (g) 16
Kohlenhydrate (g) 24

HEIDELBEERPIE

Für 8 Personen
Zubereitungszeit: 1 Stunde 30 Minuten

Für den Mürbeteig:
200 g Mehl
50 g Zucker
1 Prise Salz
1 Ei
100 g Butter
Außerdem:
Fett für die Form
Hülsenfrüchte zum Blindbacken
500 g Heidelbeeren
80 g Puderzucker
20 g Speisestärke, z. B.
Mondamin
4 Eier
1/4 l Sahne

1. Aus den angegebenen Zutaten einen Mürbeteig zubereiten (siehe Seite 93), kalt stellen.
2. Den Backofen auf 200° C vorheizen.
3. Eine Spring- oder Tarteform (26 cm Durchmesser) ausfetten. Den Teig ausrollen und den Boden der Form und etwa 4 cm vom Rand mit dem Teig auskleiden.
4. Pergamentpapier in der Größe der Form zuschneiden, auf den Teig legen und mit Hülsenfrüchten bedeckt etwa 25 Minuten blindbacken.
5. Papier und Hülsenfrüchte entfernen, Heidelbeeren auf dem Boden verteilen.
6. Die übrigen Zutaten gründlich verrühren und über die Beeren gießen. Den Pie bei 180° C weitere 35 Minuten backen. Lauwarm servieren!

Pro Person:
Kalorien (kcal) 470
Eiweiß (g) 8
Fett (g) 25
Kohlenhydrate (g) 50

ROHRNUDELN

Wie so viele köstliche Mehlspeisen sind auch die Rohrnudeln oder Buchteln, wie sie in Österreich heißen, böhmischen Ursprungs. In Bayern wurden sie früher – mit Kirschen oder Zwetschgen gefüllt oder mit Rosinen angereichert – am Freitag als Fastengericht serviert. Was übrigblieb, wurde am nächsten Tag zum Frühstück mit Butter und Marmelade gegessen.

Für 6 Personen
Zubereitungszeit: 1 Stunde
Ruhezeit: 1 Stunde

Für den Hefeteig:
250 g Mehl
1 Prise Salz
15 g Hefe
1/8 l lauwarme Milch
40 g Zucker
1 Eigelb
50 g flüssige Butter
2 EL geschälte gemahlene Mandeln
Außerdem:
50 g Butter
1 EL Vanillezucker
Puderzucker zum Bestäuben

1. Das Mehl und Salz in eine Schüssel geben. In die Mitte eine Mulde drücken und die Hefe hineinbröckeln. Mit etwas lauwarmer Milch und wenig Mehl verrühren. Zugedeckt an einem warmen Ort 15 Minuten gehen lassen.
2. Die restliche Milch, Zucker, Eigelb, flüssige Butter und Mandeln dazugeben und mit einem Kochlöffel oder den Knethaken eines Handrührgeräts so lange schlagen, bis der Teig Blasen wirft, sich vom Schüsselboden löst und einen leichten Glanz bekommt.
3. Den Teig erneut zugedeckt an einem warmen Ort etwa 30 Minuten gehen lassen, bis sich das Teigvolumen verdoppelt hat.
4. Den Backofen auf 200° C vorheizen.
5. Den Teig zu einer Rolle von 4 bis 5 cm Durchmesser formen. Mit einem Messer 3 cm dicke Scheiben abschneiden und zu Kugeln drehen. Die Teigmenge gibt etwa 18 Rohrnudeln.
6. Eine Bratreine oder eine Pfanne mit feuerfestem Griff mit der Hälfte der Butter ausfetten und mit dem Vanillezucker ausstreuen. Die Teigkugeln dicht nebeneinander in die Reine setzen und den Teig 15 Minuten gehen lassen.
7. Die restliche Butter erwärmen und die Oberfläche der Nudeln damit bestreichen. Im Backofen in etwa 30 bis 35 Minuten goldbraun und knusprig backen.
8. Die Rohrnudeln aus der Form stürzen, voneinander lösen und mit Puderzucker bestäuben. Mit Vanillesauce oder Apfelkompott servieren.

Pro Person:
Kalorien (kcal) 345
Eiweiß (g) 7
Fett (g) 17
Kohlenhydrate (g) 40

Füllt man die Rohrnudeln mit Kirschen, Aprikosen oder Armagnacpflaumen, reicht die angegebene Teigmenge für 6 große Rohrnudeln.

SAVARIN

Das Rezept stammt ursprünglich aus Rußland und ist dort unter dem Namen »Baba« bekannt, was übersetzt »Großmütterchen« heißt. Der Hefeteig wird in Ringformen gebacken und mit Sirup oder Alkohol getränkt. In Frankreich wurde das Rezept verfeinert und der Teig in kleinen Portionsförmchen gebacken. Das saftige Dessert widmeten die Franzosen dem bekannten Gastrosophen Brillat-Savarin. Unter der Bezeichnung »Savarin« ist es mittlerweile in Europa ein Dessert-Klassiker geworden!

Für 6 bis 8 Personen
Zubereitungszeit: 1 Stunde
Ruhezeit: etwa 1 Stunde

Für den Hefeteig:
- 150 g Mehl
- 1 Prise Salz
- 10 g Hefe
- 50 ml lauwarme Milch
- 20 g Zucker
- 2 Eier
- 20 g Butter

Zum Tränken:
- 50 g Zucker
- 4 cl Orangenlikör
- 6 cl echter Rum

Außerdem:
- Fett für die Form
- 250 g Himbeeren
- etwas Puderzucker
- 2 cl Orangenlikör
- 200 ml Sahne

1. Aus den angegebenen Zutaten einen sehr weichen Hefeteig zubereiten (siehe Seite 96) und etwa 30 Minuten gehen lassen.
2. Eine Ring- oder Savarinform (24 cm Durchmesser) ausfetten. Den Backofen auf 200° C vorheizen.
3. Den Teig in die Form geben, sie darf nur halb gefüllt sein, die Oberfläche glattstreichen und erneut 15 Minuten gehen lassen.
4. Den Savarin im Backofen in etwa 30 Minuten goldbraun backen.
5. Für die Tränkflüssigkeit den Zucker mit 1/8 l Wasser sirupartig einkochen. Von der Kochstelle nehmen und Orangenlikör sowie den Rum dazugeben.
6. Die Himbeeren von den Stielen zupfen und mit Puderzucker und Orangenlikör marinieren.
7. Savarin auf einen Teller stürzen und den Sirup gleichmäßig darübergießen, bis der Kuchen durch und durch getränkt ist.
8. Die Sahne steif schlagen und mit den Himbeeren in die Mitte des Savarins häufen.

Pro Person:
Kalorien (kcal) 430
Eiweiß (g) 9
Fett (g) 19
Kohlenhydrate (g) 44

- Köstlich schmeckt der Savarin, wenn man den Teig mit Rosinen verfeinert.
- Sehr dekorativ sehen auch Mini-Savarins aus. Den Teig füllt man dann mit Hilfe eines Spritzbeutels mit Lochtülle in 6 bis 8 kleine Ringformen. Die Backzeit beträgt etwa 15 bis 20 Minuten.

APFELSTRUDEL

Weltweit bekannt ist der Wiener Apfelstrudel, der nur mit Fett bestrichen trocken auf dem Blech gebacken wird. Im bayerischen Nachbarland hingegen liebt man den Strudel saftig, mit Milch übergossen und einem knusprigen »Rammerl«. Welche Art Sie auch bevorzugen, die Kunst liegt allein in der Teigzubereitung. Denn nur wenn der Strudelteig eine optimale Konsistenz hat, läßt er sich hauchdünn ausziehen!

Für 8 Personen
Zubereitungszeit: 1 Stunde
Ruhezeit: 30 Minuten

Für den Strudelteig:
250 g Mehl, 1 Prise Salz
1 Eigelb
1 EL Keimöl

Für die Füllung:
1,5 kg aromatische Äpfel,
z. B. Cox Orange oder Boskop
Saft von 1 Zitrone
80 g Rosinen
50 g gehackte Mandeln
100 g flüssige Butter
2 EL Vanillezucker
2 EL Zwiebackbrösel
1 TL gemahlener Zimt

Außerdem:
Fett für das Backblech
Puderzucker zum Bestäuben

1. Das Mehl auf eine Arbeitsplatte sieben, in die Mitte eine Mulde drücken. Salz, Eigelb, Öl und knapp 1/8 l lauwarmes Wasser hineingießen.
2. Mit einer Gabel verrühren und mit warmen Händen zu einem glatten und leicht glänzenden Teig verkneten.
3. Den Teig mit Öl bestreichen, eine vorgewärmte Schüssel aus Metall darüberstülpen und den Teig etwa 30 Minuten ruhen lassen.
4. Äpfel schälen, entkernen und in hauchdünne Scheiben schneiden. Mit Zitronensaft, Rosinen und Mandeln in einer Schüssel vermischen. Backofen auf 200° C vorheizen.
5. Den Strudelteig auf einem leicht bemehlten großen Küchentuch erst mit einem Nudelholz ausrollen, dann mit Hilfe des Handrückens hauchdünn ausziehen.
6. Den Teig mit der Hälfte der Butter bestreichen und einer Mischung aus Vanillezucker, Zwiebackbrösel und Zimt bestreuen. Die Apfelmischung gleichmäßig darauf verteilen und den Strudel mit Hilfe des Tuches aufrollen.
7. Ein Backblech mit Fett bestreichen. Den Strudel auf das Blech gleiten lassen, die Oberfläche mit etwas Butter bestreichen. Im Backofen etwa 40 Minuten backen, dabei immer wieder mit der restlichen Butter bestreichen.
8. Apfelstrudel leicht abkühlen lassen, mit Puderzucker bestäuben und servieren.

Pro Person:
Kalorien (kcal) 400
Eiweiß (g) 6
Fett (g) 13
Kohlenhydrate (g) 52

Für den Teig unbedingt ein doppelgriffiges Mehl verwenden. Es enthält mehr Eiweiß, macht den Teig elastischer und das hauchdünne Ausziehen einfacher.

Strudelteig zubereiten
Mehl auf eine Arbeitsplatte sieben, in die Mitte eine Mulde drücken. Salz, Eigelb, Öl und Wasser hineingießen. Erst mit der Gabel verrühren, dann mit warmen Händen so lange kneten, bis der Teig glatt und glänzend ist.

Teig ruhen lassen
Teig mit etwas Öl bestreichen. Eine Metallschüssel vorwärmen und über den Teig stülpen. Den Teig 30 Minuten ruhen lassen. Zwischendurch die Schüssel noch einmal anwärmen.

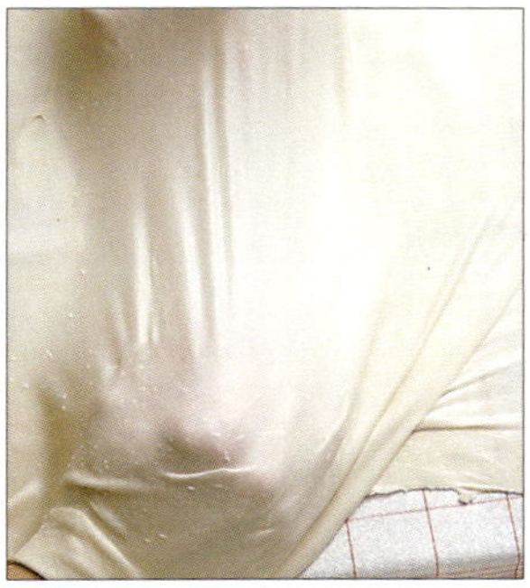

Teig ausziehen
Eine großes Baumwolltuch ausbreiten und mit etwas Mehl bestäuben. Den Teig darauf mit einem Nudelholz ausrollen, dann über den leicht bemehlten Handrücken ausziehen. Zum Schluß vorsichtig in eine rechteckige Form ziehen.

Strudel füllen
Den hauchdünnen Teig vorsichtig mit flüssiger Butter bestreichen. Mit Vanillezucker, Zwiebackbrösel und Zimt bestreuen. Dann die Fruchtmischung darauf verteilen. Mit Hilfe des Tuches von der Längsseite her aufrollen.

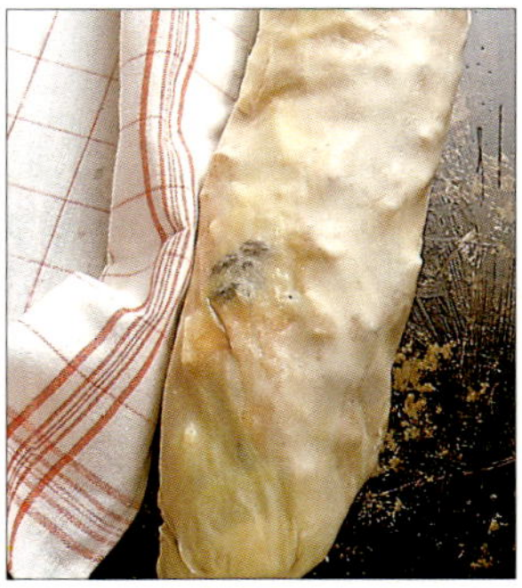

Strudel backen
Strudel mit Hilfe des Tuches auf ein gefettetes Backblech gleiten lassen. Die Teigkanten sollen unten sein. Den Strudel mit flüssiger Butter bestreichen und im Backofen in 40 Minuten goldbraun backen.

KONKURRENZ FÜR DEN APFELSTRUDEL

Hier einige Vorschläge für Strudel mit Pfiff. Alle Füllungen sind ausreichend für die Hälfte des auf der vorhergehenden Seite beschriebenen Strudelteigs. Als Dessert ist diese Menge für 4 bis 6 Personen gerade richtig! Die andere Hälfte des Teiges mit einer anderen Füllung zubereiten und portionsweise einfrieren.

1. Traubenstrudel
2 Eigelb mit 80 g Zucker und 2 cl Grappa schaumig rühren. Löffelweise 500 g Magerquark hinzufügen. 2 Eiweiß steif schlagen und darunterziehen. Die Hälfte des Strudelteigs (siehe Seite 99) hauchdünn ausziehen. Mit 30 g flüssiger Butter, dann mit der Quarkmasse bestreichen. 250 g kernlose, kleine blaue Trauben (Erdbeertrauben) und 250 g kleine weiße Trauben sowie 50 g Mandelstifte auf der Quarkmasse verteilen. Den Strudel aufrollen und auf ein gefettetes Backblech gleiten lassen. Mit flüssiger Butter bestreichen und im vorgeheizten Backofen bei 200° C 35 bis 40 Minuten backen. Mit Puderzucker bestäuben.

2. Quitten-Birnen-Strudel
400 g Quitten in kleine Stücke schneiden und mit 50 g Zucker und 150 ml Wasser in einen Topf geben. In etwa 30 Minuten weich kochen. Das Fruchtmus durch ein Sieb passieren und abkühlen lassen. 400 g Birnen schälen, vierteln, entkernen und quer in dünne Scheiben schneiden. Die Hälfte des Strudelteigs (siehe Seite 99) hauchdünn ausziehen. Mit 30 g flüssiger Butter, dann mit dem Quittenmus bestreichen. Mit den Birnen und 50 g gerösteten Pinienkernen belegen. Den Strudel aufrollen und auf ein gefettetes Blech gleiten lassen. Mit flüssiger Butter bestreichen und im vorgeheizten Backofen bei 200° C 35 bis 40 Minuten backen. Mit Puderzucker bestäuben.

3. Kirschstrudel
700 g Herzkirschen entsteinen und in 4 cl Kirschwasser marinieren. Die Hälfte des Strudelteigs (siehe Seite 99) hauchdünn ausziehen. Mit 30 g flüssiger Butter bestreichen. 100 g Sauerrahm, 2 EL Crème fraîche und 2 EL Vanillezucker verrühren und auf den Teig streichen. 3 EL Zwiebackbrösel und 3 EL gemahlene Haselnüsse in 40 g Butter goldbraun rösten, mit Zimt würzen und den Teig damit bestreuen. Die Kirschen darauf verteilen. Den Strudel aufrollen und auf ein gefettetes Backblech gleiten lassen. Mit flüssiger Butter bestreichen und im vorgeheizten Backofen bei 200° C etwa 35 bis 40 Minuten backen. Mit Puderzucker bestäuben.

4. Amarettistrudel
100 g Amaretti zerkleinern und mit 50 g Rosinen, je 25 g Orangeat und Zitronat und 50 g gehackten Mandeln in einer Schüssel vermischen. Mit 1/8 l Sahne und 2 cl Amaretto begießen. Etwa 15 Minuten durchweichen lassen. Die Hälfte des Strudelteigs (siehe Seite 99) hauchdünn ausziehen. Mit 30 g flüssiger Butter bestreichen. Die Amarettimischung gut durchrühren und auf den Teig streichen. Den Strudel aufrollen und auf

ein gefettetes Blech gleiten lassen. Mit flüssiger Butter bestreichen und im vorgeheizten Backofen bei 200° C etwa 35 bis 40 Minuten backen. Mit Puderzucker bestäuben und noch lauwarm mit Vanilleeis servieren.

5. Nußstrudel
100 g geröstete Haselnüsse fein reiben und mit je 50 g grobgehackten Walnüssen und Mandelkernen sowie 25 g gehackten Pistazienkernen vermischen. 50 g Zartbitterschokolade hacken und mit 1/4 l Sahne, 2 EL Vanillezucker, 40 g Zucker und 1 Msp Zimt etwas einkochen lassen. Von der Kochstelle nehmen und die Nüsse sowie 4 cl Cognac darunterrühren. Die Hälfte des Strudelteigs (siehe Seite 99) hauchdünn ausziehen. Mit 30 g flüssiger Butter, dann mit der Nußmasse bestreichen. Den Strudel aufrollen und auf ein gefettetes Blech gleiten lassen. Mit flüssiger Butter bestreichen und im vorgeheizten Backofen bei 200° C etwa 35 bis 40 Minuten backen. Mit Puderzucker bestäuben und noch lauwarm mit Vanilleeis servieren.

6. Mohnstrudel
125 g frisch gemahlenen Mohn mit 5 bis 6 EL heißer Milch übergießen und etwa 10 Minuten quellen lassen. 50 g Korinthen in 2 cl Rum einweichen. 1 Msp gemahlenen Zimt, 50 g Zucker, 1 Eigelb sowie die Korinthen unter die Mohnmasse rühren. Falls die Masse zu fest ist, 1 bis 2 EL Sahne darunterrühren. Die Hälfte des Strudelteigs (siehe Seite 99) hauchdünn ausziehen. Mit 30 g flüssiger Butter, dann mit der Mohnmasse bestreichen. Den Strudel aufrollen und auf ein gefettetes Blech gleiten lassen. Mit flüssiger Butter bestreichen und im vorgeheizten Backofen bei 200° C etwa 35 bis 40 Minuten backen. Mit Puderzucker bestäuben und noch lauwarm mit kalter Vanillesauce servieren.

7. Topfenstrudel
2 Eigelb und 80 g Zucker schaumig rühren. 50 g Topfen oder Magerquark, 30 g gehackte Mandeln, 50 g Rosinen, 1 EL Speisestärke, z. B. Mondamin, und die abgeriebene Schale von 1/2 unbehandelten Zitrone hinzufügen. 2 Eiweiß steif schlagen und unter die Quarkmasse heben. Die Hälfte des Strudelteigs (siehe Seite 99) hauchdünn ausziehen. Mit 30 g flüssiger Butter, dann mit der Quarkmasse bestreichen. Den Strudel aufrollen und auf ein gefettetes Blech gleiten lassen. Mit flüssiger Butter bestreichen und im vorgeheizten Backofen bei 200° C etwa 35 bis 40 Minuten backen. Mit Puderzucker bestäuben.

8. Aprikosenstrudel
700 g vollreife Aprikosen halbieren, entsteinen und in schmale Spalten schneiden. Mit 4 cl Aprikosengeist begießen und etwa 15 Minuten marinieren. 250 g Mascarpone mit 3 EL Sauerrahm, 2 bis 3 EL Zucker sowie der abgeriebenen Schale von 1 unbehandelten Limette verrühren. Die Hälfte des Strudelteigs (siehe Seite 99) hauchdünn ausziehen. Mit 30 g flüssiger Butter, dann mit der Mascarponemasse bestreichen. Mit den Aprikosen und 50 g gehackten Pistazien bestreuen. Den Strudel aufrollen und auf ein gefettetes Blech gleiten lassen. Mit flüssiger Butter bestreichen und im vorgeheizten Backofen bei 200° C etwa 35 bis 40 Minuten backen. Mit Puderzucker bestäuben.

CRÊPES, OMELETTS & CO.

Man nehme: Ein paar frische Eier, etwas Mehl, Milch, Butter und eine große Pfanne – und im Handumdrehen sind die herrlichsten luftigen Leckerbissen fertig!

sola

CRÊPES MIT CALVADOSÄPFELN

Crêpes sind die zarten, hauchdünnen französischen Verwandten des Pfannkuchens. In der Bretagne kennt man Crêpes schon seit dem 13. Jahrhundert, und noch heute ist es Sitte, daß eine junge Frau an ihrem Hochzeitstag Crêpes backen muß. Gelingt ihr das Wenden mit einem gekonnten Schwung, gilt dies als gutes Omen für die Ehe.

Für 4 Personen
Zubereitungszeit: 35 Minuten
Ruhezeit: 1 Stunde

Für den Crêpeteig:
- 80 g Mehl, 1 Prise Salz
- 1 TL Vanillezucker
- 2 Eier, 1 Eigelb, 100 ml Milch
- 100 ml Mineralwasser mit Kohlensäure
- 2 EL flüssige Butter

Für die Füllung:
- 300 g aromatische Äpfel
- 20 g Butter, 30 g Zucker
- 2 EL Rosinen
- 4 cl Calvados, 4 bis 5 EL Cidre

Außerdem:
- Butter zum Braten
- Puderzucker zum Bestäuben

1. Mehl, Salz und Vanillezucker in eine Schüssel geben und unter Rühren mit dem Schneebesen die Eier und das Eigelb hinzufügen. So lange rühren, bis ein glatter Teig entstanden ist.
2. Milch und Mineralwasser dazugeben und erneut kräftig durchschlagen. Die flüssige Butter darunterrühren und den Teig 1 Stunde ruhen lassen.
3. Die Äpfel schälen, vierteln, entkernen und in dünne Scheiben schneiden.
4. Butter und Zucker in einer Pfanne karamelisieren lassen und die Apfelstücke darin anbraten. Rosinen hinzufügen, mit Calvados und Cidre ablöschen und die Äpfel einige Minuten dünsten.
5. In einer Eisenpfanne wenig Butter erhitzen. Mit einer kleinen Schöpfkelle etwas Crêpeteig hineingießen. Durch Drehen und Schwenken der Pfanne den Teig gleichmäßig dünn auf dem Boden verteilen.
6. Crêpe hellbraun backen, mit einer Palette oder einem gekonnten Schwung mit der Pfanne wenden und auch die zwei Seite goldbraun braten.
7. Auf diese Weise 8 Crêpes (etwa 16 cm Durchmesser) backen. Jeweils auf einen Teller geben, einen zweiten Teller darüberlegen und in den warmen Backofen stellen, bis alle Crêpes gebacken sind.
8. Die Calvadosäpfel auf den Crêpes verteilen, zweimal zusammenfalten oder aufrollen und leicht mit Puderzucker bestäuben.

Pro Person:
Kalorien (kcal) 355
Eiweiß (g) 8
Fett (g) 16
Kohlenhydrate (g) 35

• Wer das Dessert besonders effektvoll servieren möchte, übergießt die fertigen Crêpes mit heißem Calvados und flambiert sie.
• Es gibt auch elektrische Crêpes-Eisen, die das Braten erleichtern sollen, aber Profis schwören auf eine gut erhitzbare Eisenpfanne!
• Besonders fein ist der Teig, wenn man statt des Mineralwassers Cidre verwendet.

Teig zubereiten
Mehl, Salz und Vanillezucker mit Eiern und Eigelb zu einem glatten Teig verrühren. Milch und Mineralwasser dazugeben und den Teig kräftig durchschlagen.

Teig fertigstellen
Zum Schluß die flüssige Butter darunterrühren und den Teig zugedeckt bei Zimmertemperatur 1 Stunde ruhen lassen, damit das Mehl aufquellen kann. Vor dem Backen den Teig nochmal kurz durchrühren.

Calvadosäpfel zubereiten
Butter und Zucker karamelisieren lassen und die Apfelstücke darin anbraten. Die Rosinen dazugeben, mit Calvados ablöschen und in wenigen Minuten weichdünsten.

Crêpes in der Pfanne backen
Butter in einer Eisenpfanne erhitzen. Mit einer Schöpfkelle etwas Teig hineingießen und durch Drehen und Schwenken der Pfanne gleichmäßig dünn am Boden verteilen. Crêpe goldbraun backen, wenden und auch die zweite Seite backen.

Crêpes mit dem Crêpes-Eisen backen
Das Eisen erhitzen. Den Teig in einen großen tiefen Teller geben. Das heiße Eisen mit der gewölbten Seite in den Teig tauchen und backen. Es wird nur eine Seite gebacken.

CRÊPES SUZETTE

Für 4 Personen
Zubereitungszeit: 35 Minuten
Ruhezeit: 1 Stunde

Für die Crêpes:
80 g Mehl, 1 Prise Salz
1 TL Vanillezucker
2 Eier, 1 Eigelb
100 ml Milch
100 ml Mineralwasser mit Kohlensäure
2 cl Grand Marnier
Butter zum Braten
Für den Sirup:
12 Würfelzucker
2 unbehandelte Orangen
30 g Butter
4 cl Grand Marnier

1. Einen Crêpeteig zubereiten, ruhen lassen und 8 Crêpes backen (siehe Seite 105).
2. Die Würfelzucker an der Orangenschale reiben, bis sie rundherum gelb gefärbt sind. Dann die Orangen auspressen.
3. Würfelzucker und Butter in einer Pfanne karamelisieren lassen, mit Orangensaft und Likör ablöschen und kurz durchkochen lassen.
4. Crêpes in der Sauce wenden, zweimal zusammenfalten und mit Orangenfilets und geschlagener Sahne servieren.

Pro Person:
Kalorien (kcal) 368
Eiweiß (g) 8
Fett (g) 12
Kohlenhydrate (g) 48

CRÊPES MIT NUSS-SCHOKO-FÜLLUNG

Für 4 Personen
Zubereitungszeit: 35 Minuten
Ruhezeit: 1 Stunde

Für die Crêpes:
80 g Mehl
1 Prise Salz
1 EL Vanillezucker
2 Eier, 1 Eigelb
100 ml Milch
100 ml Mineralwasser mit Kohlensäure
2 cl Cognac
Butter zum Braten
Für die Füllung:
200 ml Sahne
50 g Schokolade mit Nüssen
50 g gemahlene Walnüsse
50 g gehackte Walnüsse
2 cl Amaretto

1. Einen Crêpeteig zubereiten, ruhen lassen und 8 Crêpes backen (siehe Seite 105).
2. Die Sahne erhitzen, Schokolade in kleine Stücke brechen und in der Sahne schmelzen.
3. Unter Rühren einige Minuten kochen lassen, dann von der Kochstelle nehmen und die Nüsse und den Amaretto darunterrühren.
4. Die Füllung auf die Crêpes streichen und die Crêpes aufrollen. Je 2 Crêpes auf einem Teller anrichten. Mit Vanilleeis und geschmolzener Schokolade servieren.

Pro Person:
Kalorien (kcal) 700
Eiweiß (g) 15
Fett (g) 46
Kohlenhydrate (g) 45

CRÊPES MIT MARACUJASIRUP

Für 4 Personen
Zubereitungszeit: 35 Minuten
Ruhezeit: 1 Stunde

Für die Crêpes:
- 80 g Mehl, 1 Prise Salz
- 1 EL Vanillezucker, 2 Eier
- 1 Eigelb, 100 ml Milch
- 100 ml Mineralwasser mit Kohlensäure
- 2 EL flüssige Butter
- Butter zum Braten

Für die Füllung:
- 2 Maracuja- oder
- 4 Passionsfrüchte
- 40 g Zucker, 20 g Butter
- 4 cl Maracujalikör

1. Einen Crêpeteig zubereiten, ruhen lassen und 8 Crêpes backen (siehe Seite 105).
2. Fruchtfleisch der Maracuja- oder Passionsfrüchte kurz im Mixer pürieren und durch ein Sieb passieren.
3. Zucker und Butter karamelisieren, Fruchtsaft dazugießen und siruppartig einkochen. Mit Likör abschmecken.
4. Die Crêpes in dem Sirup wenden, zweimal zusammenfalten und mit gerösteten Kokosraspeln oder -flocken bestreuen.

Pro Person:
Kalorien (kcal) 353
Eiweiß (g) 8
Fett (g) 17
Kohlenhydrate (g) 34

CRÊPES MIT CRANBERRIES

Für 4 Personen
Zubereitungszeit: 35 Minuten
Ruhezeit: 1 Stunde

Für die Crêpes:
- 80 g Mehl, 1 Prise Salz
- 1 TL Vanillezucker
- 2 Eier, 1 Eigelb
- 100 ml Milch
- 100 ml Mineralwasser mit Kohlensäure
- 2 EL flüssige Butter
- Butter zum Braten

Für die Füllung:
- 200 g Cranberries
- 120 g Zucker
- 1/8 l gehaltvoller Rotwein
- 1 Stück Zimtstange
- Schale von 1/2 Orange
- 1 gestrichener TL Speisestärke, z. B. Mondamin

1. Einen Crêpeteig zubereiten, ruhen lassen und 8 Crêpes backen (siehe Seite 105).
2. Cranberries mit Zucker, Rotwein, Zimt und Orangenschale etwa 5 bis 6 Minuten kochen.
3. Auf einem Sieb abtropfen lassen, den Sud auffangen und zum Kochen bringen.
4. Die Speisestärke mit 2 EL kaltem Wasser anrühren und den Sud damit binden. Die Beeren unter die Sauce mischen.
5. Die Beeren mit der Sauce auf den Crêpes verteilen, die Crêpes aufrollen und mit Puderzucker bestäubt servieren.

Pro Person:
Kalorien (kcal) 352
Eiweiß (g) 8
Fett (g) 10
Kohlenhydrate (g) 50

KAISERSCHMARRN

Wie diese Nachspeise entstanden ist, erfährt man in Österreich aus vielen rührenden Erzählungen über Kaiser Franz Joseph oder Kaiserin Sissi. Wahrscheinlich ist der Schmarrn aber schon lange vor der Kaiserzeit völlig unromantisch von »Kasern«, so heißen die Senner auf den Almen, zubereitet worden. Sie mußten aus ihren dürftigen Beständen für sich selbst, Waldarbeiter oder Wanderer eine sättigende Mahlzeit zaubern.

Für 4 Personen
Zubereitungszeit: 30 Minuten

- 3 Eigelb, 30 g Zucker
- 1 EL Vanillezucker
- 1 Prise Salz, 100 ml Sahne
- 20 g Speisestärke, z. B. Mondamin
- 80 g Mehl, 50 g Rosinen
- 4 Eiweiß
- 40 g Butterschmalz zum Braten
- 2 EL Puderzucker zum Bestäuben

1. Den Backofen auf 220° C vorheizen.
2. Eigelb, Zucker, Vanillezucker und Salz schaumig rühren. Nach und nach Sahne, Speisestärke, Mehl und Rosinen darunterrühren.
3. Die Eiweiß steif schlagen und vorsichtig unter den Teig ziehen.
4. 20 g Butterschmalz in einer großen Pfanne mit feuerfestem Griff erhitzen und den Teig hineingeben. 2 bis 3 Minuten backen lassen, dann die Pfanne in den Backofen stellen. Den Teig in etwa 6 bis 8 Minuten aufgehen und goldbraun backen lassen.
5. Die Pfanne erneut auf die heiße Kochplatte stellen und den Pfannkuchen in Stücke reißen.
6. Restliches Butterschmalz dazugeben und mit Puderzucker bestäuben. Unter Schwenken der Pfanne leicht karamelisieren lassen.
7. Den Schmarrn auf eine vorgewärmte Platte geben und sofort, am besten mit Zwetschgenkompott oder Apfelmus, servieren.

Pro Person:
Kalorien (kcal) 390
Eiweiß (g) 9
Fett (g) 20
Kohlenhydrate (g) 39

Teig zubereiten
Eigelb, Zucker, Vanillezucker und Salz schaumig rühren. Nach und nach die übrigen Zutaten dazugeben. Die Eiweiß steif schlagen und vorsichtig unter den Teig ziehen.

Schmarrn backen
In einer Pfanne 20 g Butterschmalz erhitzen, die Schaummasse hineingeben und 2 bis 3 Minuten backen. Dann im 220° C heißen Backofen in 6 bis 8 Minuten fertigbacken.

Schmarrn fertigstellen
Die Pfanne auf die Kochplatte stellen. Den Pfannkuchen in Stücke reißen. Das restliche Butterschmalz dazugeben, mit Puderzucker bestäuben und karamelisieren lassen.

Soll der Schmarrn als sättigende Mehlspeise, z.B. nach einer Suppe, gereicht werden, muß man die Menge der Zutaten verdoppeln.

TIROLER TOPFENSCHMARRN

Für 4 Personen
Zubereitungszeit: 1 Stunde

3 Eigelb
30 g Zucker
1 Prise Salz
250 g Topfen oder Magerquark
2 EL Crème fraîche
Schale von 1/2 unbehandelten
Zitrone
50 g Mandelstifte
60 g Hartweizengrieß
3 Eiweiß
40 g Butterschmalz zum
Braten
2 EL Puderzucker zum
Bestäuben

1. Eigelb, Zucker und Salz schaumig rühren. Topfen, Crème fraîche, Zitronenschale, Mandeln und Grieß darunterrühren, 30 Minuten quellen lassen.
2. Den Backofen auf 220° C vorheizen.
3. Eiweiß steif schlagen und unter den Quark ziehen. 20 g Butterschmalz erhitzen, die Masse darin anbacken und im Backofen in 8 bis 10 Minuten fertigbacken.
4. Den Pfannkuchen in Stücke reißen. Restliches Schmalz dazugeben, mit Puderzucker bestäuben und karamelisieren lassen.

Pro Person:
Kalorien (kcal) 380
Eiweiß (g) 18
Fett (g) 20
Kohlenhydrate (g) 28

BAYERISCHER SEMMEL-KIRSCH-SCHMARRN

Für 4 Personen
Zubereitungszeit: 1 Stunde

2 altbackene Semmeln
(Brötchen)
200 ml Milch
1 Prise Salz, 3 Eigelb
1 TL Vanillezucker
Schale von 1/2 unbehandelten
Zitrone
250 g Herzkirschen
2 Eiweiß
25 g gehackte Pistazien
40 g Butterschmalz
2 EL Puderzucker zum
Bestäuben

1. Semmeln in dünne Scheiben schneiden. Milch, Salz, Eigelb, Vanillezucker und Zitronenschale verrühren und über die Semmeln gießen. 20 Minuten durchziehen lassen.
2. Den Backofen auf 220° C vorheizen.
3. Kirschen entkernen, Eiweiß steif schlagen und mit den Pistazien unter die Semmelmasse ziehen.
4. 20 g Butterschmalz erhitzen, Masse darin anbacken und im Backofen in 8 bis 10 Minuten fertigbacken.
5. Den Pfannkuchen in Stücke reißen. Restliches Schmalz dazugeben, mit Puderzucker bestäuben und karamelisieren lassen.

Pro Person:
Kalorien (kcal) 328
Eiweiß (g) 10
Fett (g) 18
Kohlenhydrate (g) 29

SCHAUMOMELETT MIT HIMBEEREN

Streng genommen sind Schaumomeletts luftige Pfannkuchen, die eigentlich kein Gramm Mehl enthalten dürfen. In bürgerlichen Haushalten früher zum »Sattessen« gedacht, hat das schaumige zarte Dessert heute seinen Weg in die Haute Cuisine geschafft.

Für 2 Personen
Zubereitungszeit: 15 Minuten

Für die Füllung:
200 g Himbeeren
1 EL Puderzucker
2 cl Orangenlikör
Für die Omeletts:
3 Eiweiß
40 g Zucker
2 Eigelb
1 Msp Vanillemark
abgeriebene Schale von
1/2 unbehandelten Orange
10 g Mehl
40 g Butter
Puderzucker zum Bestäuben

1. Die Himbeeren von den Stielen zupfen, mit Puderzucker bestäuben, Likör beträufeln und zugedeckt einige Minuten marinieren.
2. Eiweiß steif schlagen, dabei nach und nach die Hälfte des Zuckers einrieseln lassen.
3. Eigelb, restlichen Zucker, Vanillemark und die Orangenschale mit einem Schneebesen leicht schaumig rühren.
4. Eischnee auf die Schaummasse häufen und das Mehl darübersieben. Mit einem Teigspachtel alles locker miteinander vermischen.
5. In zwei Pfannen von 16 cm Durchmesser je 20 g Butter zerlassen. Die Omelettmasse in den Pfannen verteilen, die Oberfläche mit dem Löffelrücken glattstreichen.
6. Die Omeletts zugedeckt bei schwacher Hitze 6 bis 8 Minuten backen, dabei die Pfanne gelegentlich leicht rütteln, damit die Omeletts nicht anbrennen.
7. Omeletts auf vorgewärmte Teller gleiten lassen. Sofort mit den Himbeeren füllen, auf die Hälfte zusammenklappen, mit Puderzucker bestäuben und servieren!

Pro Person:
Kalorien (kcal) 440
Eiweiß (g) 11
Fett (g) 23
Kohlenhydrate (g) 38

Hier einige Anregungen, die Omeletts mal anders zu füllen:

- Statt den Himbeeren mit Erdbeeren marinieren, am besten schmecken natürlich frische Walderdbeeren!
- Eine Konfitüre oder Marmelade mit etwas Alkohol abschmecken und die Omeletts damit füllen.
- Schokolade schmelzen und über den Omeletts verteilen.
- Kompottfrüchte abtropfen lassen, nach Belieben abschmecken und die Omeletts damit füllen.

APFELPFANNKUCHEN

Ob Pfannkuchen, Palatschinken, Crêpes oder pancake – sie sind eine der ältesten Süßspeisen, die europaweit nicht nur Kinderherzen erfreuen. Wahrscheinlich wurden sie irgendwann eher zufällig von einer Bäuerin erfunden, denn Mehl, Eier, Milch und frische Früchte waren auf jedem Hof immer vorrätig. In England heißt der Faschingsdienstag sogar Pancake-Tuesday, und an diesem Tag ist Pfannkuchenessen fast schon Pflicht!

Für 2 Personen
Zubereitungszeit: 20 Minuten
Ruhezeit: 30 Minuten

60 g Mehl
1 Prise Salz
100 ml Milch
2 Eier
1 EL Zucker
2 kleine aromatische Äpfel,
z. B. Cox Orange
40 g Butter
2 EL Zucker
1 Msp gemahlener Zimt

1. Mehl und Salz in eine Schüssel geben und unter Rühren Milch, Eier und Zucker dazugeben. So lange rühren, bis ein glatter Teig entstanden ist. Den Teig 30 Minuten ruhen lassen, damit das Mehl ausquellen kann.
2. Die Äpfel schälen und mit einem Fruchtentkerner die Kerngehäuse ausstechen. Die Äpfel quer in etwa 1 cm dicke Scheiben schneiden.
3. In zwei Pfannen je 20 g Butter erhitzen und jeweils die Scheiben von einem Apfel bei mittlerer Hitze anbraten.
4. Zucker und Zimt vermischen und mit der Hälfte davon die Äpfel bestreuen. Leicht karamelisieren lassen, dann den Teig in den beiden Pfannen verteilen und die Pfannkuchen goldbraun backen.
5. Jeden Pfannkuchen mit Hilfe eines Tellers oder Deckels, der die Größe der Pfanne hat, wenden. Dazu den Teller über den Pfannkuchen legen und mitsamt der Pfanne wenden. Den Pfannkuchen mit der gebackenen Seite nach oben vom Teller in die Pfanne gleiten lassen und auch die zweite Seite goldbraun backen.
6. Mit restlichem Zimtzucker bestreuen und servieren.

Pro Person:
Kalorien (kcal) 500
Eiweiß (g) 12
Fett (g) 25
Kohlenhydrate (g) 52

- Für Heidelbeer- oder Kirschpfannkuchen den Teig in die Pfanne gießen, kurz anbacken lassen und pro Pfanne 60 bis 80 g Früchte darauf verteilen. Wie beschrieben fertigbacken.
- Trennt man die Eier und zieht den Eischnee erst vor dem Backen unter den Teig, werden die Pfannkuchen besonders locker.
- Einen kernigen Geschmack bekommen Pfannkuchen, wenn man die Hälfte des Mehls durch Haferflocken ersetzt.
- In Österreich heißen Pfannkuchen Palatschinken. Man ersetzt bei der Zubereitung die Hälfte der Milch meist durch Sahne!

BÖHMISCHE LIWANZEN

Nirgendwo auf der Welt gibt es so viele verschiedene Mehlspeisen wie in Böhmen. Fast alle süßen Klassiker, wie Strudel, Buchteln, Kolatschen oder auch Liwanzen, stammen aus der Küche dieses Landes. Liwanzen sind kleine, mit Hefe zubereitete Pfannkuchen, die mit Powidl serviert werden. Nach dem Originalrezept werden sie in einer speziellen Pfanne mit runden Vertiefungen gebacken.

Für 4 Personen
Zubereitungszeit: 25 Minuten
Ruhezeit: 45 Minuten

Für die Liwanzen:
- 10 g Hefe
- 150 ml lauwarme Milch
- 1 EL Zucker
- 100 g Mehl
- 1 Prise Salz
- Schale von 1/2 unbehandelten Zitrone
- 1 kleines Ei
- flüssige Butter zum Braten

Außerdem:
- 2 EL Zucker
- gemahlener Zimt nach Geschmack
- 3 bis 4 EL Powidl (Pflaumenmus aus Dörrpflaumen) oder eine andere würzige Konfitüre (z. B. Preiselbeer- oder schwarze Johannisbeerkonfitüre)

1. Hefe in die Milch bröckeln, 1 Prise Zucker dazugeben und mit etwas Mehl verrühren. Mit einem Tuch bedeckt 15 Minuten an einem warmen Ort gehen lassen.

2. Restlichen Zucker und Mehl sowie Salz, Zitronenschale und Ei hinzufügen und alles zu einem glatten, dickflüssigen Hefeteig verrühren. Zugedeckt 30 Minuten gehen lassen.

3. Die Liwanzenpfanne mit flüssiger Butter ausstreichen. Mit einem Eßlöffel den Teig in die Vertiefungen geben, mit dem Löffelrücken die Oberfläche glattstreichen. Auf jeder Seite in 2 bis 3 Minuten goldbraun braten.

4. Zucker und Zimt in einem tiefen Teller vermischen und die Liwanzen darin wenden. Mit Powidl oder Konfitüre servieren.

Pro Person:
Kalorien (kcal) 130
Eiweiß (g) 4
Fett (g) 4
Kohlenhydrate (g) 18

- Wer keine Liwanzenpfanne besitzt, verwendet eine Spiegeleierpfanne. Notfalls kann man den Teig auch mit einem Eßlöffel in eine normale Pfanne geben und mit dem Löffelrücken in Form bringen. Sie sind dann zwar nicht ganz gleichmäßig rund, schmecken aber genauso fein.
- Milch erhitzen, mit Butter und Vanille abschmecken und die gebackenen Liwanzen eintauchen. So werden sie besonders saftig! Dazu wird ebenfalls Powidl gereicht.

GRIESSHERZEN MIT APRIKOSENRAGOUT

Raffiniert zubereitet, wird aus einem einfachen Grießbrei ein verlockendes Dessert, das groß und klein begeistert! Es erinnert ein wenig an Grießgnocchis oder Polenta, stammt aber keineswegs aus Italien. Es ist die Abwandlung einer deutschen Mehlspeise.

Für 6 Personen
Zubereitungszeit: 35 Minuten
Kühlzeit: 1 Stunde

Für die Grießherzen:

- 1 Vanilleschote
- abgeriebene Schale von 1/2 unbehandelten Zitrone
- 1/2 l Milch
- 80 g Hartweizengrieß
- 2 Eigelb
- 1 Ei, 2 EL Sahne
- etwa 40 g Zwiebackbrösel
- 40 g gemahlene Mandeln
- 40 g Butter zum Braten

Für das Aprikosenragout:

- 500 g vollreife Aprikosen
- 1/4 l Weißwein, halbtrocken
- 1 Stück unbehandelte Zitronenschale
- 1 Bittermandel, 40 g Zucker
- 2 cl Aprikosenlikör

Außerdem:

- einige Minzeblätter

1. Vanilleschote aufschneiden und mit der Zitronenschale in der Milch erhitzen. Vanillemark aus der Schote schaben, die Milch zum Kochen bringen. Den Grieß einrühren, kurz aufkochen lassen. Von der Kochstelle nehmen und die Eigelb darunterrühren.

2. Eine Platte mit kaltem Wasser abspülen, die Grießmasse 1 cm dick daraufstreichen und auskühlen lassen.

3. Die Aprikosen halbieren und entsteinen. Wein, Zitronenschale, Bittermandel und Zucker einige Minuten kochen lassen. Aprikosen dazugeben und in wenigen Minuten weich kochen.

4. Mit einem Schaumlöffel aus dem Topf heben und den Sud um die Hälfte einkochen lassen. Mit Aprikosenlikör abschmecken, die Früchte wieder dazugeben und kalt stellen.

5. Mit einem Ausstecher 6 Herzen aus der Grießmasse ausstechen. Ei mit der Sahne in einem tiefen Teller verquirlen. In einem zweiten Teller die Zwiebackbrösel mit Mandeln vermischen.

6. Grießherzen erst in dem Ei, dann in den Bröseln wenden, die Panade gut festdrücken.

7. Butter in einer Pfanne erhitzen. Die Herzen darin bei mittlerer Hitze pro Seite in 2 bis 3 Minuten goldbraun braten.

8. Die Herzen auf Tellern mit Aprikosenragout anrichten und mit Minzeblättern verzieren!

Pro Person:
Kalorien (kcal) 370
Eiweiß (g) 9
Fett (g) 17
Kohlenhydrate (g) 36

ANANASBEIGNETS

Außen goldbraun und knusprig, innen saftig und weich: So müssen Beignets sein. Fast jede Frucht eignet sich, umhüllt von einem Teig, zum Ausbacken – selbst Holunderblüten oder Salbeiblätter. Ein wahrer Hochgenuß sind die mit einem zarten Teigmantel umhüllten frischen Ananasscheiben.

Für 4 Personen
Zubereitungszeit: 25 Minuten
Ruhezeit: 20 Minuten

1 frische Ananas (etwa 800 g)
Für den Teig:
120 g Mehl
1 Prise Salz
50 g Zucker
2 Eigelb
knapp 1/8 l Milch
4 cl Portwein
2 Eiweiß
Außerdem:
Fett zum Ausbacken
3 EL Zucker
gemahlener Zimt nach Geschmack

1. Von der Ananas Stielansatz und Blattkrone abschneiden und die Frucht dick schälen. Fruchtfleisch in 8 Scheiben schneiden und das harte Mittelstück ausstechen.
2. Mehl, Salz, Zucker und Eigelb in eine Schüssel geben. Mit Milch und Portwein zu einem glatten Teig verrühren und etwa 20 Minuten ruhen lassen.
3. Eiweiß steif schlagen und locker unter den Teig ziehen.
4. Das Fett in einer Friteuse oder in einer tiefen Pfanne auf 180° C erhitzen. Die Ananasscheiben im Teig wenden und portionsweise im heißen Fett ausbacken.
5. Die Beignets mit einem Schaumlöffel aus dem Fett heben und auf einem dick zusammengefalteten Küchenpapier abtropfen lassen. In den vorgewärmten Backofen legen, bis alle Ananasbeignets gebacken sind.
6. Zucker und Zimt in einem großen Teller vermischen, die Beignets darin wenden. Mit Vanilleeis servieren!

Pro Person:
Kalorien (kcal) 505
Eiweiß (g) 11
Fett (g) 12
Kohlenhydrate (g) 84

- Auf die gleiche Weise bereitet man auch Apfelkücherl zu! Den Teig jedoch mit Cidre und Calvados anrühren.
- Rührt man den Teig mit Bier an, wird die Umhüllung sehr locker und weich. Mit Wein oder Apfelwein zubereitet, wird das Gebäck hingegen knusprig.
- Sehr aromatisch schmeckt der Teig, wenn man 10 g Hefe unter den Teig mischt. Dann unbedingt 30 Minuten gehen lassen.
- Niemals zu viele Beignets auf einmal ausbacken! Das Fett kühlt sonst zu stark ab, und der Teig saugt sich damit voll.

Ananas vorbereiten
Von der Ananas Stielansatz und Blattkrone abschneiden. Auf eine Schnittfläche stellen und die Schale rundherum dick abschneiden. Das Fruchtfleisch in Scheiben schneiden, mit einem Ausstecher die harten Mittelstücke ausstechen.

Teig vorbereiten
Mehl, Salz, Zucker und Eigelb in eine Schüssel geben und unter Rühren Portwein und Milch dazugießen. Zum Schluß Eiweiß steif schlagen und unter die Masse ziehen.

Teig-Variationen
Man kann den Teig – je nach der auszubackenden Frucht – mit Wein, Bier, Mineralwasser, Cidre, Fruchtsaft oder Sahne anrühren. Zum Abschmecken am besten einen zur Frucht passenden Likör oder Schnaps wählen.

Beignets ausbacken
Reichlich Fett auf 180° C erhitzen. Falls kein Thermostat vorhanden ist, die Temperatur mit dem Holzkochlöffel testen: den Löffel in das Fett halten. Bilden sich Bläschen um den Stiel, ist das Fett ideal! Früchte im Teig wenden und portionsweise ausbacken.

Beignets fertigstellen
Die Beignets mit einem Schaumlöffel aus dem Fett heben. Gut abtropfen lassen und auf dick zusammengefaltetes Küchenpapier legen, damit das überschüssige Fett aufgesogen wird. Danach in Zimtzucker wenden.

HOLLERKÜCHERL

Für 4 Personen
Zubereitungszeit: 25 Minuten
Ruhezeit: 20 Minuten

- 8 Holunderblütendolden
- 120 g Mehl, 1 Prise Salz
- 1 EL Zucker, 1 TL Vanillezucker
- abgeriebene Schale von
- 1/2 unbehandelten Orange
- 150 ml Weißwein, trocken
- 2 cl Orangenlikör
- 2 EL flüssige Butter, 2 Eiweiß
- Fett zum Ausbacken
- Puderzucker zum Bestäuben

1. Die Blütendolden in kaltes Wasser legen, vorsichtig hin- und herschwenken. Auf einem Tuch gut trocknen lassen.
2. Mehl, Salz, Zucker, Vanillezucker und Orangenschale vermischen. Wein, Likör und Butter darunterrühren. Den Teig 20 Minuten ruhen lassen.
3. Eiweiß steif schlagen und unter den Teig ziehen. Blütendolden am Stiel halten, in den Teig tauchen und nacheinander in 180° C heißem Fett ausbacken. Mit reichlich Puderzucker bestäuben.
4. Auch die Dolden mit reifen Holunderbeeren schmecken ausgebacken vorzüglich.

Pro Person:
Kalorien (kcal) 250
Eiweiß (g) 8
Fett (g) 4
Kohlenhydrate (g) 35

AUSGEBACKENE KIRSCHEN

Für 4 Personen
Zubereitungszeit: 20 Minuten
Ruhezeit: 20 Minuten

- 100 g Mehl
- 1 Prise Salz
- 1 EL Zucker
- 1 TL Vanillezucker
- 1 Msp gemahlener Zimt
- 1 Eigelb
- knapp 1/8 l Mineralwasser
- 2 cl Kirschwasser
- 1 EL flüssige Butter
- 2 Eiweiß
- 24 Herzkirschen mit Stiel
- Fett zum Ausbacken
- Puderzucker zum Bestäuben

1. Mehl, Salz, Zucker, Vanillezucker, Zimt und Eigelb in eine Schüssel geben. Mineralwasser, Kirschwasser und die Butter darunterrühren. Den Teig etwa 20 Minuten ruhen lassen.
2. Eiweiß steif schlagen und unter den Teig ziehen. Jeweils 3 Kirschen am Stiel anfassen, in den Teig tauchen und zusammen portionsweise in 180° C heißem Fett ausbacken. Mit Puderzucker bestäuben!

Pro Person:
Kalorien (kcal) 193
Eiweiß (g) 6
Fett (g) 4
Kohlenhydrate (g) 29

AUSGEBACKENE DATTELN

Für 4 Personen
Zubereitungszeit: 30 Minuten
Ruhezeit: 20 Minuten

- 12 frische Datteln
- 12 geschälte Mandeln
- 100 g Mehl, 1 Prise Salz
- 1 EL Zucker
- abgeriebene Schale von 1/2 unbehandelten Orange
- 2 Eigelb, knapp 1/2 l Bier
- 1 EL flüssige Butter
- 2 Eiweiß, Fett zum Ausbacken
- 2 bis 3 EL Zucker
- gemahlener Zimt

1. Datteln enthäuten, längs einschneiden und die Kerne durch Mandeln ersetzen.

2. Mehl, Salz, Zucker, Orangenschale und Eigelb vermischen. Bier und Butter darunterrühren. Den Teig 20 Minuten ruhen lassen.

3. Eiweiß steif schlagen und unter den Teig ziehen. Die Öffnungen der Datteln gut zusammendrücken, auf eine Gabel spießen, in den Teig tauchen und in 180° C heißem Fett knusprig ausbacken. In Zimtzucker wenden.

4. Sehr gut paßt eine Weinschaumsauce (siehe Seite 132) dazu.

Pro Person:
Kalorien (kcal) 335
Eiweiß (g) 8
Fett (g) 6
Kohlenhydrate (g) 60

FEIGEN IM KOKOSMANTEL

Für 4 Personen
Zubereitungszeit: 20 Minuten
Ruhezeit: 20 Minuten

- 100 g Mehl
- 1 Prise Salz
- abgeriebene Schale von 1/2 unbehandelten Zitrone
- 1 Eigelb
- knapp 1/8 l Weißwein
- 2 cl Kokoslikör
- 2 Eiweiß
- 1 EL Zucker
- 30 g Kokosraspeln
- 8 frische Feigen
- Fett zum Ausbacken
- Puderzucker zum Bestäuben

1. Mehl, Salz, Zitronenschale und Eigelb in eine Schüssel geben. Wein und Kokoslikör darunterrühren. Den Teig 20 Minuten ruhen lassen.

2. Eiweiß steif schlagen, dabei nach und nach den Zucker hinzufügen. Zum Schluß die Kokosraspeln darunterziehen und die Masse unter den Teig heben.

3. Die Feigen auf eine Gabel spießen, in den Teig tauchen und in 180° C heißem Fett in etwa 4 Minuten knusprig ausbacken. Mit Puderzucker bestäuben.

Pro Person:
Kalorien (kcal) 250
Eiweiß (g) 7
Fett (g) 7
Kohlenhydrate (g) 32

HONIGBANANEN IM KOKOSMANTEL

Bananen werden, auf diese Weise zubereitet, zu einer asiatischen Köstlichkeit. Apfel- oder Babybananen eignen sich besonders gut für diesen Nachtisch, denn sie haben dafür die richtige Größe und ein besonders ausgeprägtes Aroma!

Für 4 Personen
Zubereitungszeit: 25 Minuten

4 Baby- oder Apfelbananen
1 bis 2 EL Zitronensaft
2 EL Akazienhonig
1/2 TL frisch geriebene
Ingwerwurzel
Saft und abgeriebene Schale
von 1/2 unbehandelten Orange
2 Eiweiß
2 EL Speisestärke, z. B.
Mondamin
100 g Kokosrapseln
4 EL Erdnußöl

1. Die Bananen schälen und mit Zitronensaft beträufeln. Honig, Ingwer, Orangensaft und -schale verrühren. Die Bananen damit bestreichen und mindestens 15 Minuten marinieren.

2. Eiweiß leicht schaumig schlagen. Die Bananen erst in Speisestärke, dann in dem Eiweiß und zum Schluß in den Kokosrapseln wenden. Die Panade gut festdrücken.

3. Erdnußöl in einer Pfanne erhitzen und die Bananen darin 3 bis 4 Minuten braten. Mit Hilfe von zwei Gabeln wenden und auch die zweite Seite in wenigen Minuten goldbraun und knusprig braten. Sofort servieren!

Pro Person:
Kalorien (kcal) 290
Eiweiß (g) 4
Fett (g) 19
Kohlenhydrate (g) 24

• Zu diesem Dessert paßt vorzüglich ein Reiswein- oder Sherrysabayon (siehe Seite 133).
• Für Kinder Schokoladeneis oder Schokoladensauce dazu servieren!
• Panieren Sie auch einmal Mangospalten auf diese Weise und backen Sie die Früchte dann knusprig aus.
• Natürlich kann man das Dessert auch mit ganz normalen Bananen zubereiten. Es reicht dann allerdings pro Person eine halbe Banane.

GEBACKENE FRÜCHTE AUF ASIATISCHE ART

In Asien ist die Auswahl an Süßspeisen im allgemeinen sehr klein. Lediglich in Indien und Südostasien stehen Desserts auf der häuslichen Speisekarte. Die meisten Desserts sind jedoch für unseren europäischen Gaumen etwas gewöhnungsbedürftig. Zu empfehlen ist hingegen diese asiatische Version von knusprig ausgebackenen Früchten.

Für 4 Personen
Zubereitungszeit: 35 Minuten

- 100 g Mehl
- 1 Prise Salz
- 1 Msp gemahlene Muskatnuß
- 2 Eiweiß
- 1 aromatischer Apfel
- 8 Litschis
- 1 kleine Mango
- 5 EL Erdnußöl
- 80 g Zucker
- 1 EL Honig
- abgeriebene Schale und Saft von 1 Limette
- Pflanzenöl zum Ausbacken
- 3 bis 4 EL Sesamsamen zum Bestreuen

1. Mehl mit Salz, Muskat, 1/8 l kaltes Wasser und Eiweiß zu einem glatten Teig verrühren und etwa 15 Minuten ruhen lassen.
2. Apfel schälen, halbieren, entkernen und die Hälften längs in vier Spalten teilen. Litschis und Mango schälen. Das Mangofruchtfleisch in Spalten vom Kern schneiden und die Litschis vorsichtig entsteinen.
3. Erdnußöl und Zucker in einer Kasserolle karamelisieren lassen. Honig, Limettenschale und -saft sowie 4 EL Wasser dazugeben und sirupartig einkochen.
4. Pflanzenöl in einer Friteuse auf 180° C erhitzen. Früchte auf eine Gabel spießen, in den Teig tauchen und portionsweise im heißen Fett ausbacken.
5. Früchte mit einem Schaumlöffel aus dem Fett heben und auf Küchenpapier gut abtropfen lassen.
6. Die Früchte erneut aufspießen, durch den Sirup ziehen, bis sie völlig damit überzogen sind, und sofort mit Sesamsamen bestreuen. Auf Alufolie abkühlen lassen.
7. Man kann die Früchte auch kurz in eine Schüssel mit Eiswasser tauchen. Dann wird der Sirup sofort fest.
8. Auf einem Zuckergespinst (siehe Seite 134) anrichten.

Pro Person:
Kalorien (kcal) 430
Eiweiß (g) 7
Fett (g) 16
Kohlenhydrate (g) 62

Natürlich kann man auch andere Früchte, wie Bananen, Ananas oder Nashis, auf diese Weise ausbacken!

SÜSSES AUS DEM KOCHTOPF

Ob bayerische Zwetschgenknödel oder sächsischer Hirsepudding, böhmische Powidltascherl oder englischer Plumpudding – eines haben all diese Desserts gemeinsam: Sie werden im Wasser oder Wasserbad gegart.

ZWETSCHGENKNÖDEL

Sind Zwetschgenknödel eine böhmische oder österreichische Spezialität? Werden sie mit Kartoffel-, Brand- oder Quarkteig zubereitet? Das sind Fragen, die vermutlich immer umstritten bleiben. Damit Sie Ihre ganz persönliche Lieblingsversion leichter finden – hier die Grundrezepte für alle drei Teigarten.

Für 4 Personen
Zubereitungszeit: je nach Teigart 25 bis 40 Minuten

8 große Zwetschgen
8 Würfelzucker oder geschälte Mandeln
Für den Kartoffelteig:
600 g gekochte mehligkochende Kartoffeln
1 Prise Salz, 1 Msp Vanillemark
60 g Mehl, 60 g Grieß
40 g Butter, 1 Eigelb
Für den Quarkteig:
250 g Topfen oder Magerquark
1 Prise Salz, 30 g Zucker
1 Msp Vanillemark, 2 Eigelb
50 g Zwiebackbrösel, 30 g Mehl
Für den Brandteig:
1 Prise Salz, 100 g Butter
150 g Mehl
4 Eier
Außerdem:
60 g Butter, 80 g Paniermehl
1/2 TL Zimt, 2 EL Zucker

1. Die Zwetschgen entsteinen und die Steine entweder durch Würfelzucker oder Mandeln ersetzen.
2. Für den Kartoffelteig die Kartoffeln schälen, noch heiß durch eine Kartoffelpresse auf die Arbeitsplatte drücken und etwas abkühlen lassen. Mit Salz, Vanillemark, Mehl und Grieß vermischen und in die Mitte ein Mulde drücken. Die Butter in Flöckchen schneiden und mit dem Eigelb in die Mulde geben. Rasch mit bemehlten Händen zu einem glatten Teig verkneten.
Für den Quarkteig den Topfen mit Salz, Zucker, Vanillemark und Eigelb verrühren und nach und nach die Zwiebackbrösel und das Mehl darunterrühren.
Für den Brandteig 1/4 l Wasser mit Salz und der Butter zum Kochen bringen. Das Mehl auf einmal dazugeben und unter Rühren mit einem Kochlöffel so lange abbrennen, bis sich ein Kloß bildet und auf dem Topfboden eine weiße Schicht entstanden ist. Den Teig in eine Schüssel geben und nach und nach die Eier darunterrühren. Der Teig muß glatt und glänzend sein.
3. Den Teig in 8 gleich große Stücke teilen. Jeweils eine Zwetschge mit Teig umhüllen und zu einem Knödel formen.
4. In einem großen Topf reichlich Salzwasser zum Kochen bringen und die Knödel darin etwa 10 bis 12 Minuten bei sanfter Hitze ziehen lassen. Die Knödel müssen so viel Platz haben, daß sie sich im Wasser drehen können.
5. Die Butter in einer Pfanne zerlassen. Paniermehl, Zimt und Zucker dazugeben und bei mittlerer Hitze goldbraun rösten. Falls die Mischung zu trocken ist, noch etwas Butter hinzufügen.
6. Knödel mit einem Schaumlöffel aus dem Wasser heben, gut abtropfen lassen und in der Bröselmischung wenden. Sofort servieren!

Pro Person (Kartoffel-/Quark-/Brandteig):
Kalorien (kcal) 600/387/613
Eiweiß (g) 9/14/13
Fett (g) 23/17/40
Kohlenhydrate (g) 86/42/45

Kartoffelteig
Heiße Kartoffeln durch eine Presse drücken. Abgekühlt mit Salz, Vanillemark, Mehl und Grieß vermischen. Eigelb und Butterflöckchen in die Mitte geben und rasch mit bemehlten Händen zu einem glatten Teig verkneten.

Quarkteig
Topfen oder Magerquark mit Salz, Zucker und Eigelb verrühren. Nach und nach die Brösel und das Mehl darunterrühren.

Brandteig
Wasser, Salz und Butter zum Kochen bringen. Das Mehl auf einmal dazugeben und unter Rühren zu einem Kloß abbrennen. Die Eier nach und nach darunterrühren. Der Teig muß glatt und glänzend sein.

Knödel garen
Knödel in reichlich kochendes Salzwasser geben und bei schwacher Hitze etwa 10 bis 12 Minuten ziehen lassen. Das Wasser darf keinesfalls kochen, notfalls etwas kaltes Wasser dazugießen. Knödel mit einem Schaumlöffel aus dem Wasser heben.

Butterbrösel
Butter in einer großen Pfanne zerlassen, nicht bräunen. Paniermehl, Zimt und Zucker dazugeben und bei mittlerer Hitze goldgelb rösten. Falls die Brösel zu trocken sind, noch ein wenig Butter dazugeben.

TOPFENKNÖDEL MIT PRALINENFÜLLUNG

Für 4 Personen
Zubereitungszeit: 20 Minuten

Für den Teig:
250 g Topfen oder Magerquark
30 g Zucker
abgeriebene Schale von
1/2 unbehandelten Zitrone
2 Eigelb
50 g frisch geriebenes
Weißbrot
Außerdem:
8 Pralinen mit Weinbrand-
kirschen, z. B. Mon Chéri
50 g Butter
60 g Paniermehl
gemahlener Zimt nach
Geschmack

1. Topfen, Zucker, Zitronenschale und Eigelb verrühren. Das Weißbrot hinzufügen und alles zu einem formbaren Teig verarbeiten.
2. Je eine Praline mit Teig umhüllen, zu Knödeln formen und in leicht siedendem Salzwasser etwa 5 bis 6 Minuten garziehen lassen.
3. Butter zerlassen, Paniermehl und Zimt darin goldbraun rösten.
4. Knödel abtropfen lassen, auf Tellern anrichten und mit den Bröseln bestreuen.

Pro Person:
Kalorien (kcal) 350
Eiweiß (g) 14
Fett (g)16
Kohlenhydrate (g) 33

TOPFENNOCKERL MIT SONNENBLUMENKERNEN

Für 4 Personen
Zubereitungszeit: 20 Minuten

Für den Teig:
30 g Sonnenblumenkerne
500 g Topfen oder Magerquark
2 Eigelb
2 EL flüssige Butter
abgeriebene Schale von
1/2 unbehandelten Orange
50 g Zucker
60 g Biskuit- oder
Zwiebackbrösel
Außerdem:
50 g Butter
gemahlener Zimt nach
Geschmack
2 EL Zucker

1. Die Sonnenblumenkerne in einer Pfanne trocken rösten, abkühlen lassen und fein mahlen.
2. Topfen mit den Sonnenblumenkernen und den restlichen Zutaten zu einem Teig verarbeiten.
3. Mit zwei Eßlöffeln von dem Teig Nocken abstechen und in leicht siedendem Salzwasser etwa 8 bis 10 Minuten garziehen lassen.
4. Die Butter zerlassen. Die Nocken abtropfen lassen, mit der Butter begießen und dem Zimtzucker bestreuen.

Pro Person:
Kalorien (kcal) 428
Eiweiß (g) 23
Fett (g) 20
Kohlenhydrate (g) 37

DATTELKLÖSSCHEN

Für 4 Personen
Zubereitungszeit: 30 Minuten

Für den Teig:
- 600 g gekochte mehligkochende Kartoffeln
- 1 Prise Salz
- 60 g Speisestärke, z. B. Mondamin
- etwas frisch geriebene Muskatnuß
- 2 Eigelb

Außerdem:
- 8 frische Datteln
- 8 geschälte Mandeln
- 40 g Butter
- 25 g gehackte Pistazien
- 1 EL Zucker

1. Kartoffeln durch eine Presse drücken, abkühlen lassen und mit den restlichen Zutaten zu einem glatten Teig verkneten.
2. Datteln häuten, entkernen und die Kerne durch Mandeln ersetzen. Mit Kartoffelteig umhüllen und in leicht siedendem Salzwasser etwa 8 bis 10 Minuten garziehen lassen.
3. Butter zerlassen, Pistazien und Zucker darin anrösten. Knödel abtropfen lassen, die Pistazien darüber verteilen. Mit einer Weinschaumsauce (siehe Seite 132) servieren.

Pro Person:
Kalorien (kcal) 415
Eiweiß (g) 8
Fett (g) 21
Kohlenhydrate (g) 48

POWIDLTASCHERL

Für 4 Personen
Zubereitungszeit: 30 Minuten

Für den Teig:
- 600 g gekochte mehligkochende Kartoffeln
- 1 Prise Salz
- 1 Msp Vanillemark
- 60 g Mehl
- 60 g Grieß
- 1 Eigelb
- 40 g Butter

Außerdem:
- etwa 150 g Powidl (Pflaumenmus aus Dörrpflaumen)
- etwas gemahlener Zimt
- 60 g Butter
- 80 g Paniermehl
- Puderzucker zum Bestäuben

1. Kartoffeln durch eine Presse drücken, abkühlen lassen und mit den restlichen Zutaten zu einem glatten Teig verkneten.
2. Den Teig etwa 3 mm dick ausrollen und Kreise (Durchmesser 8 cm) ausstechen.
3. Powidl mit Zimt verrühren und jeweils 1 TL davon in die Mitte der Teigkreise geben. Die Kreise zusammenklappen, Ränder gut festdrücken und die Tascherl in leicht siedendem Salzwasser etwa 8 bis 10 Minuten garziehen lassen.
4. Die Tascherl abtropfen lassen. Butter zerlassen, Paniermehl darin anrösten und die Tascherl darin wenden. Mit Puderzucker bestäuben.

Pro Person:
Kalorien (kcal) 570
Eiweiß (g) 9
Fett (g) 23
Kohlenhydrate (g) 79

MOHR IM HEMD

Diese beliebte Speise aus Österreich (dort wird sie kurz »Koch« genannt) wird bei sanfter Hitze in einer geschlossenen Form im Wasserbad gegart. Der Vorteil eines gekochten Puddings: Durch die geschlossene Form und die sanfte Garweise bleiben alle Aromen besonders gut erhalten.

Für 6 Personen
Zubereitungszeit:
1 Stunde 20 Minuten

Für den Teig:
100 g Mokkaschokolade
80 g Haselnüsse
50 g zimmerwarme Butter
50 g Zucker
5 Eigelb
1 EL Kakaopulver, stark entölt
1 EL Instant-Kaffeepulver
abgeriebene Schale von
1/2 unbehandelten Orange
2 cl Orangenlikör
5 Eiweiß
20 g Paniermehl
Außerdem:
Butter und Paniermehl für
die Form
200 ml Sahne

1. Die Schokolade hacken und über einem heißen Wasserbad schmelzen. Die Haselnüsse im heißen Backofen 15 bis 20 Minuten rösten, die Schale abreiben und die Nüsse fein mahlen.
2. Butter und Zucker cremig rühren und nach und nach Eigelb, Schokolade, Kakao- und Kaffeepulver, Orangenschale und Likör hinzufügen.
3. Eiweiß steif schlagen, auf die Schaummasse häufen und vorsichtig mit den Nüssen und dem Paniermehl mit einem Teigspachtel darunterheben.
4. Eine Kochpuddingform und den Deckel gut einfetten und mit Paniermehl ausstreuen. Die Masse bis etwa 4 cm unter den Rand einfüllen. Die Form gut verschließen, den Pudding im Wasserbad etwa 1 Stunde bei schwacher Hitze garen.
5. Aus dem Wasserbad nehmen und den Pudding vor dem Öffnen noch etwa 5 Minuten ruhen lassen. Dann auf einen Teller stürzen. Die Sahne steif schlagen und dazu reichen.

Pro Person:
Kalorien (kcal) 475
Eiweiß (g) 10
Fett (g) 36
Kohlenhydrate (g) 21

Form vorbereiten
Puddingform und Deckel sehr gut mit Butter ausfetten und Paniermehl oder Biskuitbrösel ausstreuen. Den Teig bis 4 cm unter den Rand in die Form füllen.

Pudding im Wasserbad garen
Einen Teller umdrehen, in einen hohen Kochtopf legen und zur Hälfte mit Wasser füllen. Die Form verschließen und hineinstellen. Topf verschließen und ein feuchtes Tuch darüberlegen.

Pudding stürzen
Die Form aus dem Wasser nehmen, den Pudding 5 Minuten ruhen lassen. Öffnen, einen Teller auf die Form legen, umdrehen und durch leichtes Rütteln den Pudding stürzen.

Sehr gut schmeckt der Mohr im Hemd auch, wenn man ihn mit Schokoladensauce (siehe Seite 135) serviert.

CHRISTSTOLLENPUDDING

Für 4 Personen
Zubereitungszeit:
1 Stunde 40 Minuten

120 g Christstollen
2 EL grobgehackte Walnüsse
1 EL Zitronat
1 EL Orangeat
2 Eigelb
1 TL Vanillezucker
30 g Zucker
1/8 l Milch
4 cl Grand Marnier
2 Eiweiß
Fett und Paniermehl für die Form

1. Stollen in kleine Würfel schneiden und mit Nüssen, Zitronat und Orangeat in eine Schüssel geben.
2. Eigelb, Vanillezucker und Zucker schaumig schlagen, Milch und Likör darunterrühren und über die Stollenmischung geben. Etwa 15 Minuten einweichen, dann kurz durchrühren. Eiweiß steif schlagen und unter die Masse heben.
3. Form und Deckel vorbereiten und die Masse einfüllen (siehe Seite 126).
4. Die Form gut verschließen, den Pudding bei schwacher Hitze im Wasserbad 1 Stunde garen. Mit einem Sabayon (siehe Seite 133) servieren.

Pro Person:
Kalorien (kcal) 312
Eiweiß (g) 7
Fett (g) 15
Kohlenhydrate (g) 29

BISKUITPUDDING MIT BIRNEN

Für 4 Personen
Zubereitungszeit:
1 Stunde 40 Minuten

100 g Löffelbiskuit
50 g gehackte Pistazien
4 cl Birnengeist
200 g aromatische Birnen,
z. B. Williams Christ
2 EL Zitronensaft, 2 Eigelb
30 g Zucker, 1 TL Vanillezucker
etwas geriebene Ingwerwurzel
1/8 l Sahne, 2 Eiweiß
Fett und Paniermehl für die
Form

1. Löffelbiskuit in Stücke brechen, mit den Pistazien vermischen und mit Alkohol tränken.
2. Birnen schälen, vierteln, entkernen und in dünne Scheiben schneiden. Mit Zitronensaft beträufeln und unter den Biskuit mischen.
3. Eigelb, Zucker, Vanillezucker und Ingwer schaumig schlagen und die Sahne dazugießen. Die Masse über den Biskuit geben und 15 Minuten einweichen. Eiweiß steif schlagen und darunterziehen.
4. Form und Deckel vorbereiten und die Masse einfüllen (siehe Seite 126).
5. Die Form gut verschließen, den Pudding bei schwacher Hitze im Wasserbad 1 Stunde garen. Mit Schokoladensauce (siehe Seite 135) servieren.

Pro Person:
Kalorien (kcal) 415
Eiweiß (g) 10
Fett (g) 24
Kohlenhydrate (g) 31

PLUMPUDDING

Dieser englische Weihnachtspudding wird traditionell als krönender Abschluß bei jedem Christmasdinner serviert und das, obwohl er eigentlich mehr ein Gebäck als ein Dessert ist. Wegen seiner Üppigkeit kann man nur eine kleine Menge davon essen. Da er aber lange frisch bleibt, reicht man ihn auch gerne mit Sahne als saftigen Kuchen zu Tee oder Kaffee.

Für 8 bis 10 Personen
Zubereitungszeit: 30 Minuten
Garzeit: 6 bis 7 Stunden

Für den Teig:
100 g Kalbsnierentalg
100 g gemischte kandierte Früchte
100 g Rosinen
100 g Korinthen
50 g gehackte Mandeln
100 g Paniermehl
100 g brauner Zucker
2 Eier
3 EL Milch
4 cl Whisky
abgeriebene Schale von 1/2 unbehandelten Zitrone
1 Msp gemahlener Zimt
1 Msp frisch geriebene Muskatnuß
Außerdem:
Butter und Paniermehl für die Form
Rum zum Flambieren

1. Den Kalbsnierentalg von anhaftenden Häutchen befreien und gut gekühlt fein hacken.
2. Die kandierten Früchte in kleine Würfel schneiden und mit den Rosinen, Korinthen, Mandeln, Paniermehl, Zucker und dem Talg vermischen.
3. Eier, Milch und Whisky verrühren und mit Zitronenschale, Zimt und Muskat würzen. Die Masse mit allen restlichen Zutaten vermengen.
4. Kochpuddingform und Deckel gut ausfetten und mit dem Paniermehl ausstreuen. Die Masse fest in die Form drücken, gut verschließen und im Wasserbad bei schwacher Hitze 6 bis 7 Stunden garen.
5. Bis zum Servieren in der geschlossenen Form aufbewahren. Erst dann stürzen und eventuell mit Rum übergießen und flambieren und mit Marzipan weihnachtlich dekorieren.

Pro Person:
Kalorien (kcal) 320
Eiweiß (g) 5
Fett (g) 16
Kohlenhydrate (g) 35

- Der Pudding ist bereits nach 1 1/2 Stunden gar. Traditionell wird er aber wesentlich länger gegart, da sich so zum einen die unterschiedlichen Aromen besonders gut verbinden und zum anderen der Pudding dadurch konserviert wird! Er hält sich mehrere Wochen frisch.
- Am besten bereitet man den Plumpudding zu Beginn der Adventszeit zu und läßt ihn dann bis zum Weihnachtsfest durchziehen.

SÄCHSISCHER HIRSEPUDDING

Das Bundesland Sachsen ist für seine süßen Leckereien, wie etwa Dresdner Stollen, Baumkuchen, Eierschecke oder Quarkkeulchen, bekannt. Ebenfalls eine Spezialität ist der Hirsepudding, dessen Grundlage immer eine Béchamelmasse ist, die mit Hirsemehl zubereitet wird.

Für 4 Personen
Zubereitungszeit:
1 Stunde 10 Minuten

Für den Teig:
1/2 Vanilleschote
1/8 l Sahne
50 g Butter
80 g Hirsemehl, frisch gemahlen
4 Eiweiß
3 Eigelb
50 g geschälte feingemahlene Mandeln
50 g Zucker
Außerdem:
Fett und feingemahlene Mandeln für die Form

1. Vanilleschote aufschneiden und mit der Sahne erhitzen. Dann das Mark in die Sahne schaben, die Schote entfernen.
2. Butter in einer Kasserolle zerlassen und das Hirsemehl einrühren. Mit der Vanillesahne aufgießen und unter Rühren so lange kochen lassen, bis sich ein Kloß gebildet hat. Von der Kochstelle nehmen und sofort 1 Eiweiß darunterrühren.
3. Nach und nach die Eigelb und Mandeln unter die Masse rühren. Die restlichen Eiweiß steif schlagen, dabei den Zucker einrieseln lassen. So lange schlagen, bis die Masse schnittfest und glänzend ist. Den Eischnee mit einem Teigspachtel vorsichtig unter die Hirsemasse ziehen.
4. Eine Kochpuddingform und Deckel ausfetten und mit den Mandeln ausstreuen. Die Masse bis 4 cm unter den Rand einfüllen, die Form gut verschließen. Den Pudding im Wasserbad in etwa 50 Minuten bei schwacher Hitze garen.
5. Die Form aus dem Wasser nehmen, den Pudding einige Minuten ruhen lassen. Auf einen Teller stürzen und mit einer fruchtigen Sauce (siehe Seite 136/137) und Beerenfrüchten servieren.

Pro Person:
Kalorien (kcal) 480
Eiweiß (g) 12
Fett (g) 34
Kohlenhydrate (g) 27

- Man kann den Pudding auch mit Weizenmehl zubereiten, es reichen dann 50 g Mehl aus.
- Fein schmeckt der Pudding auch, wenn man etwa 50 g in Rum eingeweichte Rosinen oder getrocknete, in Würfel geschnittene Aprikosen unter den Teig mischt.
- Eine besonders feine Variante: die Mandeln durch Pistazien ersetzen.

SÜSSE SAUCEN

Von der locker aufgeschlagenen Weinschaumsauce bis zur klassischen Vanillesauce oder den herrlich erfrischenden Fruchtsaucen – süße Saucen sind das Tüpfelchen auf dem i.

WEINSCHAUMSAUCE

In fast jedem europäischen Land liebt man diesen zarten Schaum: Bei uns unter der Bezeichnung Weinschaumsauce, in Österreich als Weinchaudeau bekannt. In Italien ist es die Zabaione und in Frankreich das Sabayon. Die Zubereitung ist immer gleich, nur die hinzugefügte Flüssigkeit variiert. Meist wird ein landestypischer Wein oder Likör verwendet.

Für 4 Personen
Zubereitungszeit: 15 Minuten

- 2 Eigelb
- 1 Ei
- 100 g Zucker
- 200 ml trockener Weißwein, z. B. ein Riesling von der Mosel

1. Eigelb, Ei und Zucker in einer Schlagschüssel aus Metall oder einer speziellen Wasserbadschüssel mit einem Schneebesen cremig rühren, nicht schaumig schlagen!

2. Schüssel in ein heißes Wasserbad setzen, den Wein dazugießen und die Sauce so lange mit dem Schneebesen schlagen, bis sie schaumig ist und sich das Volumen verdoppelt hat.

3. Die Sauce noch warm sofort zu einem vorbereiteten Dessert oder einer Mehlspeise reichen. Oder in einer Schüssel mit Eiswasser unter Rühren erkalten lassen und als eigenständiges Dessert servieren.

Pro Person:
Kalorien (kcal) 195
Eiweiß (g) 4
Fett (g) 5
Kohlenhydrate (g) 26

Wasserbad vorbereiten
Für das Wasserbad in einem weiten Topf etwa 1/2 l Wasser erhitzen. Die Schlagschüssel muß so in dem Topf hängen, daß der Boden die Wasseroberfläche nicht berührt.

Schaumig schlagen
Eigelb, Ei und Zucker cremig rühren, den Wein dazugießen. Über dem Wasserbad schaumig schlagen, bis sich das Volumen verdoppelt hat. Das Wasser darf nicht kochen!

Kaltrühren
Die Sauce entweder warm sofort servieren oder in einer Schüssel mit Eiswasser unter Rühren erkalten lassen, dann in Gläser füllen und als Dessert reichen.

• Je höher der Zuckeranteil, um so fester und stabiler wird die Sauce oder das Dessert!
• Verwenden Sie statt dem Weißwein auch einmal Sekt, Amaretto, Beerenauslesen, Rotwein, Cognac, Mokka oder Fruchtsäfte. Die Möglichkeiten sind unerschöpflich!

ZABAIONE

Für 4 Personen
Zubereitungszeit: 15 Minuten

- 4 Eigelb
- 100 g Puderzucker
- 100 ml Marsala
- etwas abgeriebene Schale von
- 1 unbehandelten Zitrone

1. Eigelb und Puderzucker in einer Schlagschüssel aus Metall cremig rühren.
2. Marsala und Zitronenschale dazugeben und über einem heißen Wasserbad so lange mit dem Schneebesen schlagen, bis die Masse dickschaumig ist und sich das Volumen verdoppelt hat.
3. In einer Schüssel mit Eiswasser unter Rühren erkalten lassen.
4. Zabaione in Schalen füllen und mit Amaretti servieren!

Pro Person:
Kalorien (kcal) 215
Eiweiß (g) 3
Fett (g) 6
Kohlenhydrate (g) 29

Sehr gut schmeckt die Zabaione auch, wenn man den Marsala durch Portwein ersetzt.

SHERRYSABAYON

Für 4 Personen
Zubereitungszeit: 15 Minuten

- 2 Eigelb
- 1 Ei
- 80 g Zucker
- 100 ml Cream Sherry

1. Eigelb, Ei und Zucker in einer Schlagschüssel aus Metall cremig rühren.
2. Sherry dazugießen und über einem heißen Wasserbad so lange mit einem Schneebesen schlagen, bis die Masse dickschaumig ist und sich das Volumen verdoppelt hat.
3. Sofort servieren oder in einer Schüssel mit Eiswasser unter Rühren erkalten lassen.

Pro Person:
Kalorien (kcal) 180
Eiweiß (g) 3
Fett (g) 5
Kohlenhydrate (g) 24

Das Sabayon schmeckt auch mit Fino Sherry oder einem trockenen Amontillado-Sherry zubereitet, dann allerdings die Zuckermenge um 20 g erhöhen!

VANILLESAUCE MIT SCHNEE-EIERN

Dies ist das klassische Rezept für eine echte Vanillesauce, das allerdings häufig mit der gleichnamigen gebundenen Sauce verwechselt wird! Mit Schnee-Eiern serviert werden daraus »schwimmende Inseln«, die als »Iles flottantes« zu den französischen Dessertklassikern zählen.

Für 4 Personen
Zubereitungszeit: 35 Minuten

Für die Sauce:
- 1 Vanilleschote
- 1/4 l Milch
- 1/8 l Sahne
- 3 Eigelb
- 100 g Zucker

Für die Schnee-Eier:
- 3 Eiweiß
- 50 g Zucker
- abgeriebene Schale von 1/2 unbehandelten Zitrone
- 1 TL Zitronensaft

Für das Zuckergespinst:
- 50 g Zucker

1. Vanilleschote aufschneiden und mit Milch und Sahne in einem Topf erhitzen. Dann das Mark in die Flüssigkeit schaben, die Schote entfernen.
2. Eigelb und Zucker in einer Schlagschüssel aus Metall cremig rühren. Die heiße Sahnemilch dazugießen und über einem heißen Wasserbad so lange mit einem Schneebesen schlagen, bis die Masse dickschaumig ist.
3. Die Sauce in einer Schüssel mit Eiswasser unter Rühren erkalten lassen. Die Sauce in Teller gießen und kalt stellen.
4. In einem großen weiten Topf reichlich Wasser zum Kochen bringen.
5. Eiweiß steif schlagen und nach und nach Zucker, Zitronenschale und -saft dazugeben. So lange weiterschlagen, bis die Masse schnittfest und glänzend ist.
6. Mit zwei nassen Eßlöffeln Nocken abstechen und in das siedende Wasser setzen. Nach etwa 1 Minute vorsichtig wenden und auch die zweite Seite in knapp 1 Minute garziehen lassen.
7. Die Schnee-Eier mit einem Schaumlöffel aus dem Wasser heben und auf die Vanillesauce setzen.
8. Zucker und 1 EL Wasser in einer kleinen Pfanne goldbraun karamelisieren lassen. Die Pfanne sofort von der Herdplatte ziehen, damit der Karamel nicht weiterbräunt. Mit einem Löffel in den Karamel tauchen und Fäden über die Schnee-Eier ziehen.

Pro Person:
Kalorien (kcal) 410
Eiweiß (g) 8
Fett (g) 17
Kohlenhydrate (g) 54

- Anstelle der Vanilleschote 2 Zimtstangen oder die abgeriebene Schale von 1 unbehandelten Orange mitkochen.
- Wenn es schnell gehen soll oder weniger Eigelb verwendet werden sollen, bereiten Sie die Sauce aus 1/2 l Milch, dem Mark von 1 Vanilleschote und 40 g Zucker sowie 10 g Speisestärke, z. B. Mondamin, sowie 1 oder 2 Eigelb, wie im Grundrezept für die Konditorcreme auf Seite 41 beschrieben, zu.

SCHOKOLADENSAUCE

PUNSCHSAUCE

Schokoladensauce

Für 4 Personen
Zubereitungszeit: 15 Minuten

- 200 ml Milch
- 100 ml Sahne
- 50 g Zartbitterschokolade (oder Mokkaschokolade)
- 1 EL Kakao, schwach entölt
- 1 gestrichener TL Speisestärke, z. B. Mondamin
- 2 cl Kirschwasser (oder Mokkalikör)

1. Milch und Sahne zum Kochen bringen. Die Schokolade in Stücke brechen, mit dem Kakao in die Sahnemilch geben und unter Rühren darin schmelzen.
2. Die Speisestärke mit dem Kirschwasser anrühren und in die kochende Sahnemilch einlaufen lassen. Einmal aufkochen und unter gelegentlichem Rühren erkalten lassen.

Pro Person:
Kalorien (kcal) 200
Eiweiß (g) 4
Fett (g) 14
Kohlenhydrate (g) 11

Punschsauce

Für 4 Personen
Zubereitungszeit: 15 Minuten

- 300 ml gehaltvoller Rotwein
- Schale von 1/2 unbehandelten Orange und Zitrone
- 1/2 Zimtstange
- 1 Gewürznelke
- 2 EL schwarzes Johannisbeergelee
- 1 gestrichener TL Speisestärke, z. B. Mondamin
- 2 cl Rum

1. 250 ml Rotwein mit den Zitrusschalen, den Gewürzen und dem Johannisbeergelee erhitzen und etwa 10 Minuten bei schwacher Hitze ziehen lassen.
2. Die Speisestärke mit dem restlichen Rotwein verrühren.
3. Den Rotweinsud durch ein Sieb gießen und erneut zum Kochen bringen. Mit der Speisestärke binden und einige Male aufkochen lassen. Mit Rum abschmecken.
4. Warm oder abgekühlt zu Soufflés oder einem Kochpudding servieren.

Pro Person:
Kalorien (kcal) 95
Eiweiß (g) 0
Fett (g) 0
Kohlenhydrate (g) 6

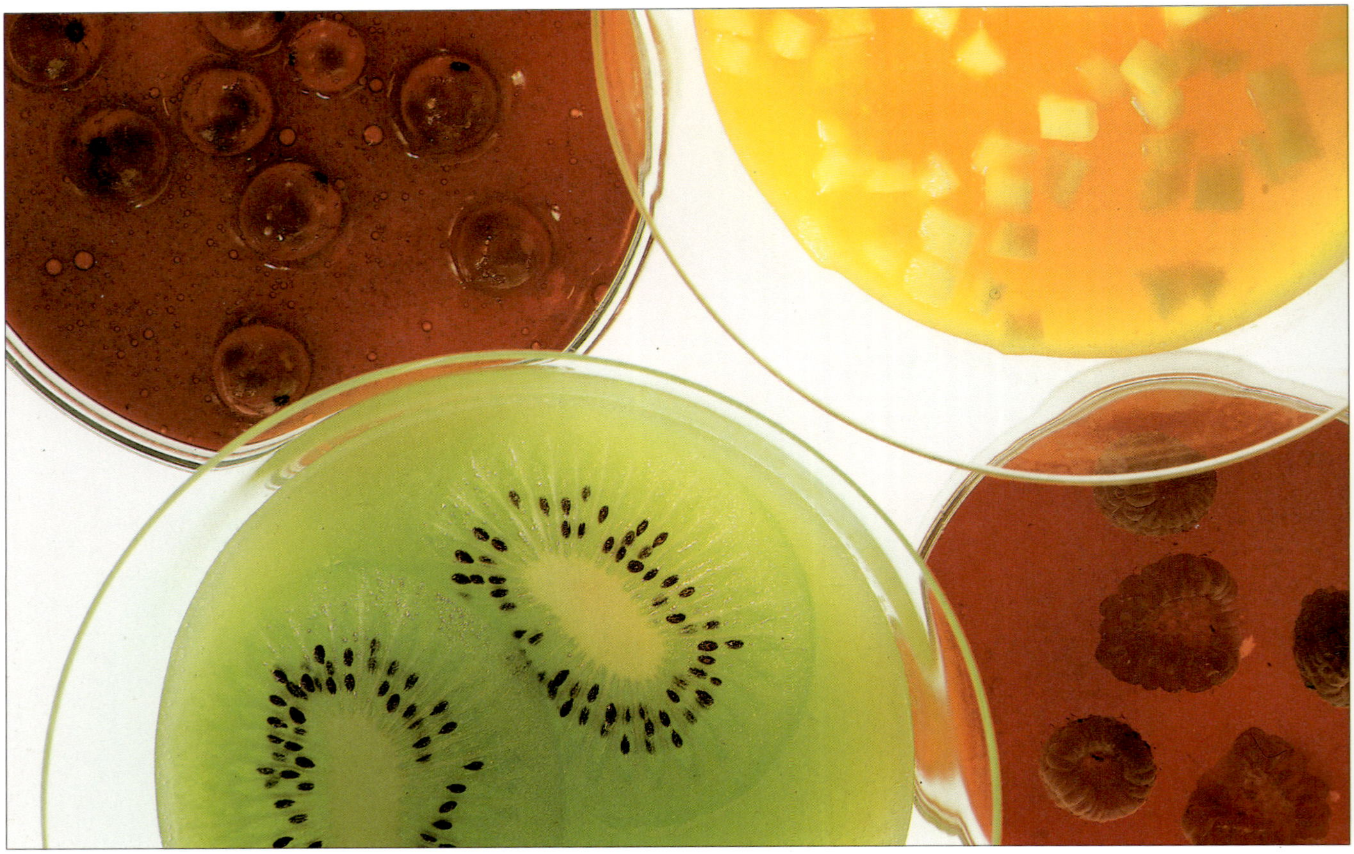

VARIATIONEN VON FRUCHTSAUCEN

Aus nahezu allen Früchten können Saucen zubereitet und durch Gewürze und Liköre beliebig variiert werden. Sie sind ideale Ergänzungen zu vielen Desserts! Kalte Saucen aus frischen vollreifen Früchten sind besonders einfach herzustellen. Einige Fruchtsorten werden allerdings durch Kochen noch aromatischer, wie zum Beispiel Holunder, Preiselbeeren, Orangen oder auch Zwetschgen. Für welche Zubereitungsart Sie sich auch entscheiden: Unbedingt vollreife Früchte verwenden! Sie verfügen nicht nur über mehr Aroma, sie benötigen auch weniger Zucker. Die nachfolgenden Rezepte sind für 4 bis 6 Personen.

1. Himbeersauce
50 g Zucker und 3 EL Wasser zum Kochen bringen. Die abgeriebene Schale von 1/2 unbehandelten Orange dazugeben und alles sirupartig einkochen. 250 g Himbeeren im Mixer pürieren und durch ein feines Sieb passieren. Das Fruchtmark mit 2 EL Orangenlikör unter den Sirup rühren.
• Auf die gleiche Weise können Sie auch eine Erdbeersauce zubereiten. Zum Schluß mit feingehackten Minzeblättern würzen.

2. Kiwi-Limetten-Sauce
50 g Zucker, 6 cl aromatischen Weißwein, z. B. einen Gewürztraminer, und die abgeriebene Schale von 1 Limette erhitzen und sirupartig einkochen. 3 Kiwis (etwa 250 g Fruchtfleisch) schälen, in Stücke schneiden und kurz im Mixer pürieren. Das Fruchtmark durch ein Sieb passieren. Die Limette auspressen und den Saft sowie das Fruchtpüree mit dem Sirup gründlich vermischen.

3. Mango-Pfirsich-Sauce
1 mittelgroße Mango schälen und das Fruchtfleisch in Spalten vom Kern lösen. 1 vollreifen Pfirsch kurz blanchieren, häuten und entsteinen. Das Fruchtfleisch der beiden Früchte mit 2 bis 3 EL Puderzucker (je nach Süße der Früchte) und dem Saft von 1 Zitrone und 1/2 Orange im Mixer pürieren. Mit 2 EL Orangenlikör abschmecken, 1 EL geriebene Pinienkerne darunterrühren.

4. Johannisbeersauce
200 g rote und 100 g schwarze Johannisbeeren von den Rispen streifen und mit 2 bis 3 EL Zucker (je nach Säuregrad der Früchte) bestreuen. Mit 2 cl Cassislikör begießen und etwa 20 Minuten marinieren, bis die Beeren Saft gezogen haben. Beeren kurz im Mixer pürieren und durch ein feines Sieb passieren. Mit 1 bis 2 TL Zitronensaft abschmecken. Diese Sauce schmeckt auch aus tiefgefrorenen Johannisbeeren. Man kann die Sauce auch sofort nach Ernte der Beeren in größeren Mengen zubereiten und portionsweise einfrieren. Den Likör dann erst nach dem Auftauen dazugeben.

5. Holundersauce
80 g Zucker und 4 EL Wasser sirupartig einkochen lassen. 250 g Holunderbeeren im Mixer pürieren und durch ein Sieb passieren. Das Fruchtmark mit 8 cl edelsüßem Wein, z. B. eine Beerenauslese, unter

den Sirup mischen und noch einige Minuten kochen lassen. Je nach Geschmack mit etwas Zitronensaft abrunden.

6. Aprikosensauce
250 g Aprikosen halbieren, entsteinen und in Stücke schneiden. Mit 1/8 l halbtrockenem Weißwein und 2 bis 3 EL Zucker zum Kochen bringen und zugedeckt in etwa 5 Minuten weich kochen. Die Früchte im Mixer pürieren, durch ein Sieb passieren und erneut erhitzen. 1/2 TL Speisestärke mit 2 EL Zitronensaft anrühren und die Fruchtsauce damit binden. Kurz aufkochen lassen und mit 2 cl Aprikot-Brandy abschmecken. Warm oder kalt zu Quarksoufflé, Sauerrahmgelee, aber auch zu vielen anderen Mehlspeisen reichen.

7. Orangen-Kumquat-Sauce
8 Kumquats waschen und in dünne Scheiben schneiden. 80 g Zucker in einer Kasserolle hellgelb karamelisieren lassen. Mit 200 ml frisch gepreßtem Orangensaft und 100 ml frisch gepreßtem Mandarinensaft aufgießen. Die Kumquats hinzufügen und alles sirupartig einkochen. Mit 1 EL Campari abschmecken. Kurz vor dem Servieren einige Zitronenmelisseblätter in feine Streifen schneiden und unter die Sauce mischen. Schmeckt warm und kalt!

8. Passionsfruchtsauce
5 Passionsfrüchte halbieren und das kernige Fruchtfleisch mit einem Löffel herauslösen. Im Mixer kurz pürieren und durch ein feines Sieb passieren. 8 Würfelzucker an der Schale einer unbehandelten Orange reiben, bis die Würfel rundherum gelb sind. Den Zucker in einer Kasserolle goldgelb karamelisieren lassen. Mit dem Passionsfruchtsaft und 100 ml frisch gepreßtem Orangensaft aufgießen und sirupartig einkochen lassen. Mit 2 cl Maracujalikör abschmecken und mit Zitronenmelisse aromatisieren. Heiß über Crêpes oder Vanilleeis gießen oder abgekühlt z. B. zu einer bayerischen Creme reichen. Statt den Saft sirupartig einzukochen, kann man ihn auch mit 1/2 TL kalt angerührter Speisestärke, z. B. Mondamin, binden.

9. Pflaumensauce
5 Kurpflaumen mit 4 cl Armagnac begießen und mindestens 30 Minuten marinieren. 200 g Zwetschgen halbieren, entsteinen und in Stücke schneiden. Mit 2 bis 3 EL Zucker (je nach Säuregehalt der Früchte) und 1/8 l gehaltvollem Rotwein in etwa 6 bis 8 Minuten weich kochen. Die gekochten Früchte mit den eingeweichten Pflaumen mitsamt Flüssigkeit im Mixer pürieren und das Fruchtmark durch ein Sieb passieren.

- Kalt zubereitete Fruchtsaucen am besten mit Zuckersirup süßen. Wenn es schnell gehen soll, können Sie auch Puderzucker nehmen.
- Fruchtsaucen vorsichtig mit Alkohol oder Gewürzen abschmecken, da das feine Fruchtaroma schnell übertönt werden kann!
- Die Fruchtauswahl immer von der Jahreszeit und dem jeweiligen Fruchtangebot abhängig machen.
- Die Zuckermenge richtet sich nach der Süße der Früchte. Die jeweilige Angabe ist nur eine Empfehlung.

KÜCHENLEXIKON

Abbrennen: Eine Masse (z. B. Brandteig) bei starker Hitze in einem Topf auf der Herdplatte mit dem Kochlöffel so lange rühren, bis sich ein glatter Kloß gebildet hat und auf dem Topfboden eine weiße Schicht entstanden ist.

Alchermes (ital.): Ein florentinischer Kräuterlikör, der bei uns nur schwer zu bekommen ist. Ersatzweise kann man sich eine ähnlich schmeckende Mischung aus 100 ml Maraschino, 6 cl Campari und 4 cl Amaretto mixen.

Amaretti (ital.): Makronen aus Mandelbaisermasse, die mehr getrocknet als gebacken wird.

Amaretto (ital.): Mandellikör, aus Aprikosenmandeln und etwa 20 natürlichen Zutaten zubereitet. Das Originalrezept entstand bereits im 16. Jahrhundert in Saronno.

Amontillado-Sherry: Weiterentwicklung des Fino-Sherrys, etwas dunkler und vollmundiger im Geschmack, bernsteinfarben, wird bei Zimmertemperatur getrunken.

Aprikotieren: Aprikosenmarmelade erhitzen, durch ein Sieb passieren und Gebäck damit bestreichen. Dadurch wird der Geschmack verbessert und der Glanz (z. B. von Glasuren) gesteigert.

Armagnac (frz.): Französischer Qualitätsbranntwein aus dem Armagnac-Gebiet, dem Herzstück der Gascogne im Südwesten Frankreichs; hervorragender feiner und milder Geschmack.

Backen: Garen und Bräunen in heißer Luft.

Baiser: Eiweiß wird sehr steif geschlagen und mit Zucker zu einer glänzenden festen Schaummasse verarbeitet. Die Baisermasse wird entweder unter andere Massen oder Teige gezogen oder bei geringer Temperatur im Ofen getrocknet.

Beignets: Früchte, getränkter Teig oder andere Massen werden durch einen Ausbackteig gezogen und in heißem Fett fritiert.

Bittermandeln: Steinfrüchte des Bittermandelbaumes. Die geschälten Kerne enthalten neben Traubenzucker und Bittermandelöl auch die giftige Blausäure und dürfen deshalb nur in sehr kleinen Mengen (unter 5%) verarbeitet werden.

Blanchieren: Lebensmittel kurz in Salzwasser kochen oder vor dem Weiterverarbeiten mit heißem Wasser übergießen, danach evtl. in kaltem Wasser abschrecken.

Blindbacken: Die vorbereitete Form mit dem Teig auskleiden, mit Backpapier belegen und getrocknete Hülsenfrüchte daraufstreuen. Dann wird der Teig gebacken. Er geht dabei nicht auf und kann nach dem Backen beliebig belegt oder bestrichen werden.

Braten: Garen und Bräunen in heißem Fett im offenen Topf.

Calvados (frz.): Französischer Apfelbranntwein aus der Normandie, wird manchmal doppelt gebrannt wie ein Cognac; er lagert 6 Jahre in Eichenfässern und entfaltet erst nach dieser Zeit der Reife seine volle Qualität. Alkoholgehalt 38 bis 50 Vol.%.

Cassis: Schwarze Johannisbeeren bzw. Likör oder Branntwein, der aus diesen Beeren hergestellt wird.

Cidre (frz.): Lieblicher oder herber Apfelwein aus der Bretagne oder Normandie mit etwa 5 Vol % Alkohol; oftmals leicht moussierend. Gut gekühlt trinken!

Cognac (frz.): Qualitätsbranntwein aus Frankreich mit einem Mindestalkoholgehalt von 40 Vol.%; ausschließlich aus Weinen aus der Charente an der Atlantikküste; unterliegt strengen Vorschriften, wie dem Doppelbrenngang, einer Mindestlagerung von 3 1/2 Jahren in einer bestimmten Faßart.

Cointreau (frz.): Likör, dessen Grundlage eine Mischung aus Schalen von grünen Bitterorangen und Süßorangen ist, die in Alkohol ausgelaugt, destilliert, mit Zucker gesüßt und noch zahlreichen weiteren Behandlungen unterzogen werden.

Crème double (Doppelrahm): Dicke Sahne mit mindestens 40 % Fettanteil

Crème fraîche: Dickflüssiger Sauerrahm mit 30 % Fettanteil; wird manchmal mit Joghurt vermischt, es werden auch Dickungsmittel zugesetzt.

Dämpfen: Garen im Wasserdampf in einem geschlossenen Topf mit besonderem Sieb- oder Gittereinsatz.

Denaturieren: Die in Lebensmitteln enthaltenen Eiweißstoffe verändern – meistens durch zu große Hitze – ihre Struktur und Eigenschaften, sie flocken aus bzw. gerinnen.

Doppelgriffiges Mehl: Dieses Mehl hat eine etwas körnigere Beschaffenheit als das häufig verwendete Weizenmehl Type 405. Es ist, entsprechend dem Ausmahlungsgrad der Getreidekörner, in seiner Feinheit zwischen Grieß und Mehl einzuordnen. Da dieses Mehl mehr Eiweiß enthält, macht es Teige elastischer und ist deswegen z. B. für Strudelteige besonders gut geeignet.

Dünsten: Garen in wenig Flüssigkeit, Fett oder im eigenen Saft bei geringer Temperatur.

Eiswasser: Sehr kaltes Wasser, das teilweise mit Eiswürfeln angereichert zum Kaltrühren von Massen im Wasserbad benötigt wird.

Exoten: Sammelbegriff für Gemüse und Früchte, die aus dem tropischen und subtropischen Raum stammen und bei uns angeboten werden.

Filetieren, auch filieren: Die Segmente von Zitrusfrüchten aus den Trennhäuten lösen. Auch: Filets aus Knochen und Gräten lösen.

Fino-Sherry: Spanischer trockener Sherry von heller Farbe mit leicht bitterem, sehr feinem Geschmack.

Flambieren: Ein hochprozentiger Alkohol wird löffelweise über Speisen gegossen und angezündet. Die Aromastoffe dringen dabei in die Speisen ein, der Alkohol verbrennt.

Fritieren: In 180° C heißem Fett schwimmend ausbacken bzw. bräunen.

Gelatine: Gelierstoff, der aus dem tierischen Eiweißstoff

Kollagen gewonnen und für die Zubereitung von Gelees und Cremes verwendet wird. Gelatine wird in Blatt- oder Pulverform angeboten.

Gewürznelken (auch Nelken): Rötlichbraune, kurz vor dem Aufblühen geerntete Blütenknospe des Gewürznelkenbaumes; intensiver, aromatisch scharfer Geschmack.

Glasieren: Gebäck und Torten werden mit einer Glasur aus Zucker, Schokolade u. a. oder auch Aprikosenmarmelade überzogen.

Grand Marnier (frz.): Likör, dessen Grundlagen – Cognac und die Curaçao-Orange – destilliert und nach einem bestimmten Verfahren gemischt werden. Grand Marnier wird in unterschiedlichen Geschmacksnuancen angeboten.

Grappa (ital.): Tresterbranntwein, gebrannt aus den bei der Kelterung anfallenden Rückständen.

Gratinieren: Überbacken bei starker Oberhitze, bis eine braune Kruste entstanden ist.

Grenadinesirup: Konzentrat aus dem Saft des Granatapfels und Zucker.

Grieß: Körnig gemahlenes Getreide, hauptsächlich Weizen. Hartweizengrieß (aus Durumweizen) wird durch den hohen Proteingehalt und die guten Klebeeigenschaften vor allem zur Herstellung von Teigwaren verwendet. Weichweizengrieß (aus dem Mehlkern gewonnen) benötigt man bei der Zubereitung von Flammeris, Cremes und Puddings.

Grillen: Garen mit oder ohne Fettzugabe durch Strahlungshitze oder Kontakthitze.

Ingwer: Wurzelstock einer Gewürzlilie, die hauptsächlich in Indien wächst. Sie wird frisch oder getrocknet angeboten. Ingwer ist reich an ätherischen Ölen und besitzt einen flüchtig-scharfen Geschmack.

Instant-Kaffeepulver: Schnelllösliches aromatisches Extrakt gerösteter Kaffeebohnen; durch Aufgießen mit heißem Wasser wird ein Kaffee-Getränk zubereitet.

Julienne: Feingeschnittenes streifenförmiges Obst oder Gemüse in Streichholzlänge. Von Zitrusfrüchten werden mit einem Julienneschneider feine Streifen von der Schale abgezogen.

Kakaopulver: Samenkerne des Kakaobaums werden fermentiert, geröstet und zu einem zähflüssigen Brei zermahlen. Nachdem die Kakaobutter entzogen ist, wird der Rest zu Pulver gemahlen. Schwach entöltes Pulver enthält einen Restanteil von 20 bis 24 % Butter, stark entöltes Pulver einen Restanteil von 10 bis 20 % Butter.

Kandieren: Früchte oder auch Fruchtschalen in einer konzentrierten Zuckerlösung tränken bzw. damit überziehen und trocknen lassen.

Karamelisieren: Bräunen und Schmelzen von Zuckerarten, z. B. Haushaltszucker oder Puderzucker, durch Erhitzen. Überziehen von Lebensmitteln mit Karamel, indem man sie in der Pfanne darin wendet.

Keimöl: Ein hochwertiges, geschmacksneutrales Keimöl wie z. B. Mazola hat einen hohen Gehalt an Pflanzenkeimwirkstoffen, insbesondere die mehrfach ungesättigte Linolsäure und Vitamin E. Es ist cholesterinfrei und gut bekömmlich. Um die wertvollen Inhaltsstoffe zu schützen,

wird Keimöl mit größter Sorgfalt gewonnen, d.h. aus den frischen Keimen des Korns gepreßt, schonend gereinigt und luftdicht in Glasflaschen abgefüllt. Wegen des neutralen Geschmacks ist Mazola Keimöl auch zum Braten, Ausbacken oder Fritieren geeignet.

Kochen: Garen in reichlich siedender Flüssigkeit.

Kokoscreme: Das geriebene Fleisch der Kokosnuß wird mit Milch oder Wasser vermischt und anschließend ausgepreßt. Der Extrakt, der dabei abfließt, wird entweder in Dosen abgefüllt oder zu einem Block gepreßt. Kokoscreme im Block wird bei Zimmertemperartur weich und muß nicht verdünnt werden.

Madeira: Likörwein der portugiesischen Insel Madeira; wird je nach Traubenart in 4 Arten unterteilt (mild bis sehr süß). Besonderheit: Der fertige Wein wird auf 45° C erhitzt; der Wein reift dadurch sehr schnell.

Maraschino (ital.): Kirschlikör von wasserheller Farbe und unverwechselbarem Duft. Der Likör hat neben einem zarten Aroma einen feurigen Geschmack, der auch leicht an Bittermandeln erinnert.

Marinieren: Lebensmittel, z. B. Früchte, in eine Marinade einlegen und darin ziehen lassen. Die Lebensmittel werden aromatisiert.

Marsala (ital.): Likörwein aus den Grillo- und Catarratto-Trauben; die Weine werden während des Gärens mit Alkohol angereichert, wodurch der Gärprozeß gestoppt wird und der Wein einen Großteil seines Restzuckers behält.

Marzipanrohmasse: Geschälte süße Mandeln werden fein zerkleinert und mit Zucker und einem geringen Zusatz von Bittermandeln geröstet.

Mascarpone (ital.): Sahne wird durch Zitronensäure zum Gerinnen gebracht. Es entsteht ein cremiger Doppelrahm-Frischkäse (60 % Fett i. Tr.), der geschmacklich und farblich an Milch erinnert. Mascarpone wird weniger als Käse pur gegessen als für Süßspeisen, Tortenfüllungen und für die Zubereitung pikanter Gerichte verwendet.

Mohn: Kleine schwarze Samen aus den Fruchtkapseln der Mohnpflanze, die ausgereift für Back- und Süßwaren verwendet werden. Die ölhaltigen Samen müssen z. B. für Füllungen in einer speziellen Mühle gemahlen werden. Mohnsamen werden auch unzerkleinert über Gebäck gestreut. Unreife Samen haben durch das darin enthaltene Opium eine narkotisierende Wirkung.

Noilly-Prat (frz.): Französischer Wermutwein; Aperitif.

Panieren: Verschiedenste Lebensmittel werden mit Mehl, Eigelb und Semmelbröseln, gemahlenen Mandeln, Kokosraspeln oder anderen Zutaten überzogen und in heißem Fett ausgebacken. Die Panade wird knusprig gebraten.

Passieren: Flüssigkeiten durch ein Sieb gießen, um unerwünschte Stoffe zurückzubehalten. Es werden auch Massen durch ein Sieb gestrichen, um eine besonders cremige Konsistenz zu erhalten.

Pinienkerne: Weiße stiftförmige Samenkerne (eßbare Ölsamen) des in den Mittelmeerländern heimischen Pinienbaumes; schmecken ähnlich wie Mandeln.

Pistazien: Steinfrüchte des Pistazienbaumes mit einem grünen Samenkern, der von einer Samenhaut umgeben ist. Meist werden die bereits geschälten Pistazienkerne angeboten.

Pochieren (Garziehen): Garen knapp unter dem Siedepunkt, besonders bei sensiblem Kochgut wie süßen Knödeln und zarten Früchten (z. B. Kirschen, Birnen, Pfirsiche).

Pumpernickel: Roggenschrotbrot, das in einer geschlossenen Form mindestens 16 Stunden in Dampf gebacken wird. Die enthaltene Stärke wandelt sich in Zucker um, das Brot wird besonders dunkel und erhält einen leicht süßlichen Geschmack.

Pürieren: Aus rohen oder gekochten Lebensmitteln durch Zerkleinerung mit einem Pürierstab oder in der Küchenmaschine ein Püree herstellen, das gegebenenfalls nochmals durch ein Sieb passiert wird.

Reduzieren: Einkochen, Verringern einer Flüssigkeitsmenge durch leichtes Kochenlassen.

Ricotta (ital.): Bei uns hauptsächlich als quarkähnlicher Frischkäse aus Vollmilch oder Schafsmilch bekannt; sehr gut für die Dessertküche geeignet. Gereiffter, teilweise auch geräucherter Ricotta ist eine Spezialität verschiedener Gegenden Siziliens. Dieser wird hauptsächlich als Ersatz für Parmesankäse verwendet.

Ringform (auch Savarinform): Glatte Kranzform in den unterschiedlichsten Größen und Materialien, z. B. Aluminium oder kunststoffbeschichtet. Verleiht dem Savarin oder Baba seine typische Form.

Rum: Die Rohre des Zuckerrohrs werden entlaubt, zerkleinert und gepreßt. Die nach der Gewinnung von Zucker übriggebliebene zähflüssige Masse wird mit Wasser verdünnt und durch Zusatz von Hefekulturen zum Gären gebracht. Es entsteht eine trübe, alkoholische Flüssigkeit, die nach der Destillation einen farblosen Brannt ergibt. Durch die Lagerung über mehrere Jahre in Holzfässern erhält der Rum hauptsächlich die goldbraune Farbe und einen ausgereiften Geschmack. Wird der Brannt nach einer etwas kürzeren Gärzeit als bei braunem Rum in Stahlfässern gelagert, erhält man weißen Rum. Auf Trinkfähigkeit herabgesetztes Rumkonzentrat (40 bis 50 Vol.%) wird im Handel als Rumverschnitt angeboten. Echter Rum hat dagegen einen Alkoholgehalt von 73 bis 80 Vol.%.

Speisestärke: Feine Speisestärke, z. B. Mondamin, wird gerne in der Dessertküche verwendet, da die reine Maisstärke den besten Puddingeffekt erzielt. Sie ist der wichtigste und dabei auch geeignetste Rohstoff für Flammeris bzw. sturzfähige Puddinge, wird aber auch zum Binden von Süßspeisen und Fruchtsaucen und zum Backen verwendet. Beim Backen wird ein Teil des Mehls z. B. bei Rührteig, Biskuitteig, Sand- oder Mürbeteig durch Speisestärke ersetzt. Hierdurch erreicht man eine lockere und feinporige Krume, und der Kuchen wird zart und sandigmürb.

Sud: Kochflüssigkeit, die durch verschiedene Gewürze und andere Zutaten aromatisiert wird. Lebensmittel, z. B. Früchte, werden darin pochiert und erhalten dadurch ein entsprechendes Aroma.

Timbalförmchen: Portionsförmchen in konischer Form.

Wasserbad (Bain-marie): In einen Topf mit wenig siedendem Wasser wird ein zweiter Topf oder eine spezielle Metallschüssel gehängt oder gestellt, die nur durch den Dampf bzw. das heiße Wasser erhitzt wird; empfindliche Cremes und Saucen werden darin aufgeschlagen.

Zeste: Hauchdünn abgeschälte Schale von Zitrusfrüchten, in feine Streifen geschnitten (s. a.: Ziselieren, Julienne).

Ziselieren: Von Zitrusfrüchten werden mit einem Spezialmesser (Zestenreißer oder Julienneschneider) von der Schale feine Streifen abgezogen (s. a.: Julienne).

Zur Rose abziehen: Cremes, die mit Eigelb gebunden werden, müssen eine bestimmte Konsistenz erlangen. Das Eigelb wird unter ständigem Rühren bei geringer Hitze, meistens über einem heißen Wasserbad, unter die Flüssigkeit gerührt. Mit einem Holzlöffel in die Creme tauchen, herausziehen und auf den Löffelrücken blasen. Fließt die Creme in der Form einer Rose auseinander und erstarrt anschließend, ist die Konsistenz der Creme richtig.

ALPHABETISCHES REZEPTREGISTER

SACHREGISTER

Eisdesserts

Soufflés, leichtes Gebäck und Strudel

Crêpes, Omeletts & Co.

Süßes aus dem Kochtopf

Süße Saucen

Pete A. und Susi Eising betreiben seit 1979 gemeinsam ein Fotostudio in München. Seit vielen Jahren haben sie sich auf das Gebiet Essen und Trinken spezialisiert und zählen heute zu den führenden Foodfotografen Deutschlands.

Monika Kellermann ist Ernährungsberaterin und arbeitet seit Jahren als freie Foodjournalistin und Buchautorin. Sie verfaßte für die »Reihe mit dem Löffel« bereits die Bücher GEMÜSE, VORSPEISEN, GEFLÜGEL, FLEISCH und SALATE. Monika Kellermann lebt bei München.